Christian Förster

Allgemeiner Teil des BGB

Christian Förster

Allgemeiner Teil des BGB

Eine Einführung mit Fällen

2., neu bearbeitete Auflage

C.F. Müller
CFM

Dr. Christian Förster, Privatdozent an der Universität Tübingen, Lehrstuhlvertretung an der Universität Bonn im Sommersemester 2011. Schwerpunkte in Forschung und Lehre: Bürgerliches Recht, Unternehmensrecht und ausländisches, insbesondere Japanisches Recht.

Bibliografische Information der Deutschen Nationalbibliothek

Die Deutsche Nationalbibliothek verzeichnet diese Publikation in der Deutschen Nationalbibliografie; detaillierte bibliografische Daten sind im Internet über <http://dnb.d-nb.de> abrufbar.

Bei der Herstellung des Werkes haben wir uns zukunftsbewusst für umweltverträgliche und wiederverwertbare Materialien entschieden. Der Inhalt ist auf elementar chlorfreies Papier gedruckt.

ISBN 978-3-8114-9693-4

E-Mail: kundenbetreuung@hjr-verlag.de

Telefon: +49 89/2183-7928
Telefax: +49 89/2183-7620

www.cfmueller-campus.de
www.hjr-verlag.de

Satz: Gottemeyer, Rot
Druck: Beltz Druckpartner, Hemsbach

Vorwort

Am Anfang dieses Buchs stand ein Skript, das ich als Grundlage einer vorlesungsbegleitenden Fallbesprechung zur Einführung in das Bürgerliche Recht und insbesondere in den Allgemeinen Teil des BGB entworfen habe. Weil sich die systematischen Inhalte, insbesondere aber die eigens konzipierten zahlreichen Fälle in der Praxis mit Anfängern im Zivilrecht von Anfang an bewährt haben, ist das Skript im Laufe von mehr als zehn Jahren immer wieder überarbeitet und verfeinert worden.

Es freut mich daher besonders, dieses „altgediente" Skript nun erstmals in Buchform vorlegen und damit einem größeren Leserkreis zugänglich machen zu können. Freilich hat sich im Zuge dessen nicht lediglich die Formatierung geändert, sondern es wurden viele Inhalte neu strukturiert, weitere Fälle und zahlreiche systematische Hilfen eingefügt.

Unverändert allerdings richtet sich das Buch vorrangig an Studierende, die beim ersten Kontakt mit dem deutschen Bürgerlichen Recht nicht nur nach einem verlässlichen Wegweiser suchen, sondern auch die ihnen gänzlich neue Methode der Bearbeitung juristischer Fälle einüben müssen.

Die ausgesprochen erfreuliche Aufnahme der ersten Auflage hat bereits nach einem knappen Jahr das Erscheinen der vorliegenden, neuen Auflage „notwendig" gemacht. Ich habe dabei hoffentlich nicht nur einen Großteil der bisherigen Fehler beseitigt, sondern neben einem neuen Einstiegs-Fall und einigen Ergänzungen hier und da vor allem dem klausur-praktischen Thema „Auslegung" (in Kapitel 3) mehr Raum gegeben.

Tübingen, im März 2011 *Christian Förster*

Inhaltsverzeichnis

Verzeichnis vertiefender Literatur

Boecken, Winfried: BGB – Allgemeiner Teil, 2007
Bork, Reinhard: Allgemeiner Teil des Bürgerlichen Gesetzbuchs, 3. Auflage 2011
Brehm, Wolfgang: Allgemeiner Teil des BGB, 6. Auflage 2008
Brox, Hans/Walker, Wolf-Dietrich: Allgemeiner Teil des BGB, 34. Auflage 2010
Faust, Florian: Bürgerliches Gesetzbuch Allgemeiner Teil, 2. Auflage 2007
Köhler, Helmut: BGB Allgemeiner Teil, 34. Auflage 2010
Larenz, Karl/Wolf, Manfred: Allgemeiner Teil des Bürgerlichen Rechts, 9. Auflage 2004
Leipold, Dieter: BGB I: Einführung und Allgemeiner Teil, 6. Auflage 2010
Medicus, Dieter: Allgemeiner Teil des BGB, 10. Auflage 2010
Musielak, Hans-Joachim: Grundkurs BGB, 11. Auflage 2009
Pawlowski, Hans-Martin: Allgemeiner Teil des BGB, 7. Auflage 2003
Rüthers, Bernd/Stadler, Astrid: Allgemeiner Teil des BGB, 16. Auflage 2009
Schack, Haimo: BGB – Allgemeiner Teil, 12. Auflage 2008
Schapp, Jan/Schur, Wolfgang: Einführung in das Bürgerliche Recht, 4. Auflage 2007
Schwab, Dieter/Löhnig, Martin: Einführung in das Zivilrecht, 18. Auflage 2010
Wörlen, Rainer/Metzler-Müller, Karin: BGB AT, 11. Auflage 2010

Einleitung

Der **Allgemeine Teil** steht sowohl am Anfang des BGB als auch des Studiums der Rechtswissenschaften. Anders als man vielleicht denken mag, bedeutet dies allerdings weder, dass es sich um bloße Präliminarien handelt, noch, dass es eine besonders „einsteigerfreundliche" Materie ist. Die Bedeutung des Allgemeinen Teils für die spätere Klausurpraxis darf nicht unterschätzt werden, enthält er doch gerade die Vorschriften, die nicht nur für sämtliche weiteren Bücher des BGB (Schuld-, Sachen-, Familien- und Erbrecht) grundlegend sind und bleiben, sondern die auch ohne Weiteres mit beliebigen anderen zivilrechtlichen Bereichen außerhalb des BGB kombiniert werden können, sei es mit dem Gesellschaftsrecht, dem Arbeitsrecht oder dem Insolvenzrecht. Anders ausgedrückt: Auch wenn ein konkreter Einzelfall immer einen „Aufhänger" in einer Materie außerhalb des Allgemeinen Teils haben wird, so werden doch häufig Probleme angeschnitten, die sich innerhalb seiner Grenzen abspielen, beispielsweise im Minderjährigenrecht oder bei der Stellvertretung. 1

Der Allgemeine Teil wird im Studium bald als bekannt vorausgesetzt. Nur in den seltensten Fällen wird er daher nach den Anfangssemestern noch einmal systematisch unterrichtet. Andererseits zeigt sich gerade in der Examenspraxis nur allzu oft, dass den Kandidaten nicht die später erlernte Spezialmaterie, sondern gerade die **Grundlagen** Schwierigkeiten bereiten. Dieses Buch soll dabei helfen, gleich von Anfang an das Interesse am Bürgerlichen Recht zu wecken und ganz nebenbei eine solide Basis für weiteres Wissen zu schaffen. 2

Das **Buch** ist in zehn Kapitel unterteilt, die jeweils aufeinander aufbauen. Es beginnt mit der Methode des Anspruchsaufbaus (Kapitel 1), bevor mit Hilfe der auch für Anfänger recht plastischen Norm des § 823 Abs. 1 BGB die Technik der Falllösung (Subsumtion und Gutachtenstil) eingeführt wird (Kapitel 2). Der Allgemeine Teil des BGB „an sich" wird mit der Willenserklärung als zentralem Element eröffnet (Kapitel 3), mit ihrem Wirksamwerden im Rechtsverkehr durch Abgabe und Zugang fortgeführt (Kapitel 4), um schließlich im Vertragsschluss zu münden (Kapitel 5). Anschließend werden die wesentlichen Problemfelder des Allgemeinen Teils behandelt: Die Geschäftsfähigkeit (Kapitel 6), Formfragen (Kapitel 7), Inhaltskontrolle von Rechtsgeschäften (Kapitel 8), Irrtum und Anfechtung (Kapitel 9) sowie die Stellvertretung (Kapitel 10). 3

Jedes **Kapitel** beginnt mit einer Übersicht, die gleichzeitig als grobes Schema für eine Fallprüfung der jeweils behandelten Thematik dienen kann. Es folgen Hinweise auf weiterführende Literatur und einige zentrale Entscheidungen der Rechtsprechung. Die Rechtsmaterie selbst wird systematisch und mit Hilfe zahlreicher Beispiele dargestellt. Ergänzt wird dies von insgesamt über 60 Fällen, die sich jeweils auf die vorstehend thematisierte Fragestellung konzentrieren. Eine ausformulierte Lösung steht am Ende des betreffenden Kapitels unter der angegebenen Randnummer zur Verfügung. 4

Die **Fälle** erfüllen im Rahmen dieser Einführung gleich mehrere Funktionen auf einmal: 5
Inhaltlich dienen sie dazu, den jeweiligen Stoff in möglichst anschaulicher Weise zu wiederholen und zu vertiefen. Methodisch sollen sie dabei helfen, die ungewohnte

Arbeit der Falllösung einzuüben, was nicht früh genug begonnen werden kann und solange wie möglich fortgeführt werden sollte. Wer sich bereits neugierig einige Fälle angeschaut hat, wird sich möglicherweise über die zumindest teilweise „ungewöhnlichen" Sachverhalte gewundert haben. Grund zur Sorge besteht insofern nicht, da dieses Buch sich weitgehend denselben rechtlichen Problemen widmet wie vergleichbare andere Werke. Dass sich hier allerdings gerade Agathe, der BretzelmannClub, Direktor Oppelsheimer und viele andere tummeln, hat jedoch den tieferen Sinn, dass sich derartige Fälle nicht nur besser merken lassen, sondern häufig mehr Spaß machen, was die beste Grundlage für den Lernerfolg ist. Zudem: Welcher Dozent würde sich nicht darüber freuen, wenn sich ein ehemaliger Student nach seiner Promotion noch an den gefleckten Plattschwanz-Wombat (Fall 21, s.u. Rn. 190) erinnert?

Kapitel 1

Anspruchsaufbau

Übersicht

I. Anspruch 6
Wer will was von wem woraus?

II. Ist der Anspruch entstanden?
In Betracht kommen folgende Anspruchsgrundlagen:
1. Vertrag
2. Vertragsähnliches Verhältnis
3. Eigentümer-Besitzer-Verhältnis
4. Unerlaubte Handlung
5. Ungerechtfertigte Bereicherung
Zudem zu prüfen:
6. Kein Vorliegen einer rechtshindernden Einwendung

III. Ist der Anspruch nicht untergegangen?
Kein Vorliegen einer rechtsvernichtenden Einwendung

IV. Ist der Anspruch durchsetzbar?
Kein Vorliegen einer rechtshemmenden Einwendung (= Einrede)

V. Zusammenfassung

VI. Falllösung

Vertiefende Literatur

Boecken, S. 33 ff., S. 473 ff.; *Brehm*, S. 395 ff.; *Brox/Walker*, S. 349 ff.; *Köhler*, S. 293 ff.; *Leipold*, 7
S. 505 ff.; *Musielak*, S. 5 ff.; *Rüthers/Stadler*, S. 81 ff.; *Schack*, S. 162 ff.; *Schapp/Schur*, S. 24 ff.; *Wörlen/Metzler-Müller*, S. 101 ff.

I. Anspruch

Im Mittelpunkt der bürgerlich-rechtlichen Fallprüfung steht der **Anspruch**, definiert in 8
§ 194 Abs. 1 BGB: „Das Recht, von einem anderen ein Tun oder Unterlassen zu verlangen […]." Die Fallbearbeitung im Studium orientiert sich damit an der gerichtlichen Praxis, denn auch dort benötigt man einen Anspruch, um von einer anderen Partei eben jenes gewünschte Tun oder Unterlassen verlangen zu können. Bei der Prüfung eines juristischen Sachverhalts ist dazu die folgende Frage zu stellen und zu beantworten:

1. **Wer** (Anspruchsteller)
   will
2. **was** (Anspruchsgegenstand)
3. **von wem** (Anspruchsgegner)
4. **woraus** (Anspruchsgrundlage)?

9 Während sich jedoch Anspruchsteller, Anspruchsgegenstand und Anspruchsgegner in der Regel durch genaue Lektüre des Falles schnell ermitteln lassen, bedarf die Suche nach der **Anspruchsgrundlage**, dem rechtlichen Fundament des betreffenden Anspruchs, größeren Aufwands. Ihr Auffinden und anschließend vor allem das kleinschrittige Untersuchen ihrer einzelnen Elemente bilden den Kern der Arbeit am Fall.

10 Um im Wege der so genannten **Subsumtion** untersuchen zu können, ob die Voraussetzungen einer bestimmten Norm im konkreten Fall tatsächlich vorliegen (siehe dazu Kapitel 2, Rn. 41 ff.), muss zunächst eine Anspruchsgrundlage gefunden werden, aus der sich die gewünschte **Rechtsfolge** ergeben kann. Macht eine Partei beispielsweise Schadensersatz geltend, kommen nur solche Vorschriften in Betracht, die bei Vorliegen all ihrer tatbestandlichen Voraussetzungen als Rechtsfolge auch Schadensersatz gewähren. Wieder orientiert sich die Fallprüfung an der Praxis, wo der Mandant ein bestimmtes rechtliches Ergebnis begehrt und sich die Arbeit des Rechtsanwalts auf dieses Ergebnis konzentrieren muss. Mit anderen Worten: Die gesuchte Rechtsfolge steht am Beginn der Untersuchung und gibt den Rahmen vor, innerhalb dessen zu prüfen ist, ob die einzelnen Voraussetzungen vorliegen, welche die konkret einschlägige Norm für das Auslösen dieser Rechtsfolge verlangt. Auch deshalb muss nicht nur der Sachverhalt selbst, sondern vor allem die **Fallfrage** genau beachtet werden, will man nicht ungestellte Fragen beantworten und auf diese Weise unnötig kostbare Zeit verlieren.

Üblicherweise geht man bei der Fallprüfung in drei Schritten vor:

II. Ist ein Anspruch entstanden?

11 Denkbare Anspruchsgrundlagen lassen sich grob in fünf Gruppen einteilen. Ihr Verhältnis zueinander und damit die hier gewählte Reihenfolge sind nicht zufällig, sondern bei der Falllösung **zwingend** einzuhalten.

1. Vertrag

12 Ansprüche können sich zu allererst aufgrund von Verträgen zwischen den Parteien ergeben (§§ 311 ff. BGB).

> **Beispiel:** Die Parteien schließen einen Kaufvertrag über ein Auto ab. Der Verkäufer muss dem Käufer Besitz und Eigentum verschaffen (§ 433 Abs. 1 S. 1 BGB), der Käufer dem Verkäufer den vereinbarten Kaufpreis zahlen (§ 433 Abs. 2 BGB).

13 Durch den Abschluss eines Vertrags können die Beteiligten ihre rechtlichen Beziehungen am genauesten ihren individuellen Vorstellungen anpassen. Auch sind Anspruchsteller, Anspruchsgegenstand und Anspruchsgegner regelmäßig mit einem Blick in den Vertrag vergleichsweise leicht zu ermitteln.

2. Vertragsähnliches Verhältnis

Ein Anspruch kann auch auf einem vertragsähnlichen Verhältnis oder „Quasi-Vertrag" beruhen. Selbst wenn die Parteien keinen Vertrag abgeschlossen haben, besteht in diesem Fall ein besonderes rechtliches Verhältnis zwischen ihnen, das ebenfalls gewisse Rechte und Pflichten begründen kann. Zu denken ist hier einmal an ein **Verschulden bei Vertragsschluss** (§ 311 Abs. 2 BGB, auch „culpa in contrahendo"), außerdem an eine **berechtigte Geschäftsführung ohne Auftrag** (§§ 677 ff. BGB). 14

Beispiel

Ein Geschäftsinhaber ist dem Kunden zum Ersatz des Schadens verpflichtet, den er in seinem Spielwarenladen beim Ausrutschen auf einem Flummi erlitten hat (§§ 311 Abs. 2 Nr. 2, 280 Abs. 1, 241 Abs. 2 BGB). Ein Autofahrer muss einem anderen die Aufwendungen ersetzen, die diesem entstanden sind, als er jenen aus seinem brennenden Autowrack gerettet hat (§§ 677, 683 S. 1, 670 BGB).

Vertragliche Ansprüche sind gegenüber bloß quasi-vertraglichen vorrangig zu prüfen, nicht nur weil sie leichter zugänglich sind, sondern auch weil erstere die letzteren in der Regel verdrängen. So ergäben sich im ersten Beispiel entsprechende Schutzpflichten bereits aus dem (Kauf-) Vertrag selbst. Im zweiten Beispiel müsste bei Vorliegen eines Auftrags eben nicht auf die Haftungsgrundlage der Geschäftsführung **ohne** Auftrag zurückgegriffen werden. 15

3. Eigentümer-Besitzer-Verhältnis

Ohne dass ein Vertrag vorliegt, können sich zwischen den Beteiligten in Bezug auf eine Sache auch Ansprüche aus dem Eigentümer-Besitzer-Verhältnis (§§ 985 ff. BGB) ergeben, wenn nämlich eine Partei Besitzer (Inhaber der tatsächlichen Sachherrschaft, vgl. § 854 Abs. 1 BGB) und die andere Eigentümer ist (dinglich umfassend Berechtigter, vgl. § 903 BGB). 16

Beispiel: Der Eigentümer eines Betonmischers kann von demjenigen, der ihn unberechtigt besitzt, die Herausgabe verlangen (§ 985 BGB).

Die vertraglichen Verhältnisse sind allerdings auch hier vorrangig zu prüfen, da sie das Eigentümer-Besitzer-Verhältnis maßgeblich beeinflussen können. So mag im vorstehenden Beispiel der Besitzer dem Eigentümer gegenüber zum Besitz **berechtigt** sein, weil er den Betonmischer gemietet hat (§§ 986 Abs. 1 S. 1, 535 Abs. 1 S. 1 BGB). 17

4. Unerlaubte Handlung

Des Weiteren können sich gesetzliche Schadensersatzansprüche aus unerlaubter Handlung ergeben (§§ 823 ff. BGB, auch „Delikt"; eingehend dazu in Kapitel 2, Rn. 46 ff.). 18

Beispiel: Wer als Radfahrer fahrlässig eine ältere Dame anfährt, ist ihr zum Ersatz der erlittenen gesundheitlichen Schäden verpflichtet (§ 823 Abs. 1 BGB).

Etwaige vertragliche Abmachungen sind wiederum zuerst zu beachten, da sie nicht selten erst die konkreten Pflichten des Schädigers festlegen. Und der von den Parteien vertraglich bestimmte Haftungsumfang darf nicht auf dem Umweg über die unerlaubte Handlung wieder ausgehebelt werden. Durch parallele Schadensersatzansprüche aus 19 dem Eigentümer-Besitzer-Verhältnis (vgl. §§ 987 ff. BGB) werden solche aus unerlaubter Handlung nach h.M. verdrängt.

20 **Fall 1**

Igor bittet seinen Nachbarn Carl, ihm seine besonders leistungsfähige Motorsäge auszuleihen. Carl kommt der Bitte nach und gibt Igor auch eine kurze Einweisung in die Handhabung der Säge. Dabei vergisst er aber Igor mitzuteilen, dass die Säge nicht sogleich unter höchster Beanspruchung benutzt werden darf, da sie sonst „ausbrechen" kann und die Gefahr erheblicher Verletzungen besteht. Als Igor die Motorsäge voller Begeisterung rasch bei Höchstleistung benutzt, bricht diese auf einmal tatsächlich aus und Igor wird hierdurch empfindlich an der Hand verletzt. Die Heilungskosten betragen € 2000.

Kann Igor von Carl Schadensersatz in entsprechender Höhe verlangen? *Lösung Rn. 31*

5. Ungerechtfertigte Bereicherung

21 Schließlich können sich Ansprüche aus ungerechtfertigter Bereicherung ergeben (§§ 812 ff. BGB, auch „Kondiktion").

Beispiel: Erweist sich ein Kaufvertrag über einen Computer als unwirksam, weil der Käufer noch nicht voll geschäftsfähig war (dazu in Kapitel 8, Rn. 236 ff.), haben die Parteien die sich jeweils geleisteten Gegenstände (Computer bzw. Kaufpreis) zurückzuerstatten (§ 812 Abs. 1 S. 1 1. Alt. BGB).

22 Die manchmal plastisch als „Lumpensammler des Zivilrechts" bezeichnete ungerechtfertigte Bereicherung hat für den Anspruchsteller den großen Nachteil, dass sie anders als der Schadensersatz nicht auf einen Ausgleich beim Geschädigten abzielt, sondern nur eine noch vorhandene Bereicherung beim Anspruchsgegner **abschöpfen** soll. § 818 Abs. 3 BGB macht diese Schwäche des Kondiktionsanspruchs deutlich: „Die Verpflichtung zur Herausgabe oder zum Ersatz des Wertes ist ausgeschlossen, soweit der Empfänger nicht mehr bereichert ist."

Beispiel: Wurde das gekaufte Eis auf der Tüte bereits gegessen, ist für den Verkäufer nichts mehr zu holen, wenn sich der Kaufvertrag im Nachhinein als unwirksam herausstellt.

23 Vertragliche Vereinbarungen haben freilich auch hier Vorrang. Sie liefern regelmäßig den **rechtlichen Grund**, dessen Fehlen primäre Tatbestandsvoraussetzung für einen Bereicherungsanspruch aus § 812 Abs. 1 S. 1 BGB ist. Während möglicherweise aufgrund eines Eigentümer-Besitzer-Verhältnisses bestehende Nutzungsherausgabeansprüche (vgl. §§ 987 ff. BGB) ebenfalls vorgehen, können deliktische und bereicherungsrechtliche Ansprüche regelmäßig nebeneinander gegeben sein.

6. Keine rechtshindernde Einwendung

24 Dem Anspruch darf schließlich keine **rechtshindernde Einwendung** entgegenstehen, was von vornherein verhindern würde, dass der betreffende Anspruch überhaupt entsteht.

Als rechtshindernde Einwendungen kommen u.a. in Betracht: 25

- **Geschäftsunfähigkeit** (§§ 104 ff. BGB)

  Beispiel: Ein fünfjähriges Kind versucht, einen Kaufvertrag über einen Plüschelefanten abzuschließen (§§ 105 Abs. 1, 104 Nr. 1 BGB).

- **Formmangel** (§§ 125 ff. BGB)

  Beispiel: Ein älterer Herr möchte sein Testament gerne mündlich abgeben (§ 2247 Abs. 1 BGB).

- **Sittenwidrigkeit** (§ 138 BGB)

  Beispiel: Eine aufstrebende Kreditagentur verlangt einen Wucherzins von 30 % p.A. (§ 138 Abs. 2 BGB).

III. Ist der Anspruch nicht untergegangen?

Selbst wenn ein Anspruch einmal entstanden ist, weil alle seine Tatbestandsvoraussetzungen erfüllt sind und keine rechtsverhindernde Einwendung vorliegt, kann er dennoch wieder erlöschen, wenn eine **rechtsvernichtende Einwendung** gegeben ist. 26

Als rechtsvernichtende Einwendungen kommen u.a. in Betracht: 27

- **Erfüllung** (§§ 362 ff. BGB)

  Beispiel: Eine Kunde zahlt den geschuldeten Kaufpreis, der Zahlungsanspruch des Verkäufers (§ 433 Abs. 2 BGB) erlischt (§ 362 Abs. 1 BGB).

- **Anfechtung** (§§ 142 ff. BGB)

  Beispiel: Eine Kundin wählt irrtümlich (vgl. § 119 Abs. 1 BGB) das Champagner- statt des rosé-farbenen Kleids aus dem Schaufenster aus, ficht ihre Willenserklärung aber anschließend wirksam an (vgl. § 143 BGB). Der Zahlungsanspruch des Verkäufers aus dem Kaufvertrag erlischt (§ 142 Abs. 1 BGB).

- **Nachträgliche Unmöglichkeit** (§ 275 BGB)

  Beispiel: Der bereits gekaufte, vom Verkäufer aber noch nicht gelieferte Mähdrescher wird durch einen Meteoriteneinschlag unwiederbringlich zerstört, der Übereignungsanspruch des Käufers (§ 433 Abs. 1 S. 1 BGB) erlischt (§ 275 Abs. 1 BGB).

IV. Ist der Anspruch durchsetzbar?

Ist ein Anspruch entstanden und auch nicht untergegangen, kann immer noch eine **rechtshemmende Einwendung (= Einrede)** vorliegen. Sie lässt den Anspruch zwar ungeschmälert fortbestehen, mindert seinen Wert jedoch erheblich, da sie verhindert, dass der Anspruch zum fraglichen Zeitpunkt gerichtlich durchgesetzt werden kann. Anders als bei den bisher dargestellten Einwendungen muss sich der Berechtigte einer Einrede selbst auf sie berufen („einreden“), damit das Gericht sie berücksichtigt. 28

29 Als rechtshemmende Einwendungen kommen u.a. in Betracht:

- **Verjährung** (§§ 194 ff. BGB)

  Beispiel: Ein Käufer versucht leider zu spät (vgl. §§ 195, 438 Abs. 1 Nr. 3 BGB), seinen schadhaften Toaster zu reklamieren. Der Verkäufer kann jetzt jegliche Haftung ablehnen (§ 214 Abs. 1 BGB).

- **Stundung** (§ 205 BGB)

  Beispiel: Solange ein Vermieter dem Mieter einen vorübergehenden Aufschub für seine Mietzahlungen gewährt, braucht dieser nicht zu zahlen (§ 205 BGB).

- **Zurückbehaltungsrecht** (§ 273 BGB)

  Beispiel: Der Mieter schuldet dem Vermieter zwar noch ausstehende Mietzahlungen, er hat aus dem Mietverhältnis aber noch einen Aufwendungsersatzanspruch, weil er auf eigene Kosten in der Wohnung den vom Vermieter gewünschten Kachelofen eingebaut hat. Bis diese Kosten beglichen sind, kann der Mieter seine Mietzahlungen verweigern (§ 273 Abs. 1 BGB).

V. Zusammenfassung

30 Die Lösung eines zivilrechtlichen Falles beginnt mit der Frage:

- Wer will was von wem woraus?

Sobald dies geklärt ist, muss jede passende Anspruchsgrundlage überprüft werden:

- Ist der Anspruch entstanden?
- Ist der Anspruch nicht untergegangen?
- Ist der Anspruch durchsetzbar?

Lassen sich alle drei Fragen mit **„Ja"** beantworten, besteht ein Anspruch.

VI. Falllösung

31 ▶ **Fall 1** ◀ *(Rn. 20, Verhältnis zwischen vertraglichem und deliktischem Anspruch)*

I. Anspruch von Igor gegen Carl gem. §§ 280 Abs. 1, 598 BGB auf Zahlung von € 2000

Igor könnte gegen Carl einen Anspruch auf Schadensersatz in Höhe von € 2000 wegen Verletzung einer Pflicht aus einem Leihvertrag über die Motorsäge gem. §§ 280 Abs. 1, 598 BGB haben.

1. Schuldverhältnis

32 Zwischen Carl und Igor müsste ein Schuldverhältnis bestehen. Nach dem Sachverhalt überließ Carl dem Igor seine Motorsäge **unentgeltlich** zum Gebrauch. Fraglich ist daher, ob hier ein **Leihvertrag gem. § 598 BGB** oder eine **bloße Gefälligkeit** vorliegt. Ein Leihvertrag ist nur anzunehmen, wenn Carl und Igor mit **Rechtsbindungswillen** handelten. Ob ein Rechtsbindungswillen vorliegt, ist anhand einer Reihe von Indizien zu

ermitteln. Zu berücksichtigen sind unter anderem der Wert der anvertrauten Sache und die Gefahr, in die der Empfänger durch eine fehlerhafte Leistung geraten kann. Hier spricht der (wohl) recht hohe Wert der Säge, vor allem jedoch ihre **erhebliche Gefährlichkeit** für das Bestehen eines Rechtsbindungswillens. Es ist also ein Leihvertrag gem. § 598 BGB zustande gekommen.

2. Pflichtverletzung (§ 280 Abs. 1 S. 1 BGB)

Carl müsste eine Pflicht aus dem Leihvertrag verletzt haben (§ 280 Abs. 1 S. 1 BGB). 33
Der Verleiher ist gem. § 598 BGB verpflichtet, dem Entleiher den **Gebrauch** der Sache zu gestatten. Dies hat Carl getan.

Jedoch könnte Carl eine **Schutzpflicht gem. § 241 Abs. 2 BGB** verletzt haben, da er Igor nicht über die Besonderheiten der Benutzung der Motorsäge aufgeklärt hat. Eine Aufklärungspflicht besteht immer dann, wenn der andere Teil nach Treu und Glauben und den im Verkehr herrschenden Anschauungen **redlicherweise Aufklärung erwarten darf**. Im vorliegenden Fall wäre zu erwarten, dass der Verleiher eines so gefährlichen Geräts wie einer Motorsäge den Entleiher über besondere Gefahren bei der Bedienung und deren Vermeidung aufklärt. Diese Pflicht hat Carl verletzt, da er Igor nicht darüber aufgeklärt hat, dass die Motorsäge nicht sogleich mit Höchstleistung benutzt werden darf. Die Pflichtverletzung (unterlassene Aufklärung) war auch kausal für den Schaden, der auf der Beanspruchung der Motorsäge sogleich mit Höchstleistung beruht.

3. Vertretenmüssen (§ 280 Abs. 1 S. 2 BGB)

Gem. § 280 Abs. 1 S. 2 BGB wird das Verschulden des Carl vermutet. Da Carl um die 34
Gefährlichkeit der Säge bei sofortiger starker Inanspruchnahme wusste, aber vergaß, dies dem Igor mitzuteilen, ließ er die im Verkehr erforderliche Sorgfalt außer Acht und handelte somit **fahrlässig** im Sinne des § 276 Abs. 2 BGB.

Jedoch könnte zugunsten des Carl ein **privilegierter Verschuldensmaßstab** gelten, da es sich um eine Leihe handelt. Gem. **§ 599 BGB** haftet der Verleiher nur für **Vorsatz** und **grobe Fahrlässigkeit**.

Allerdings betrifft § 599 BGB zunächst nur die Haftung des Verleihers im Hinblick auf 35
die **Hauptleistungspflicht**. Hier verletzte Carl hingegen eine **Schutzpflicht**. Jedoch ist der Zweck des § 599 BGB, den Verleiher, der unentgeltlich handelt, im Hinblick auf sein Vertretenmüssen zu privilegieren. Dieser Gedanke gilt sowohl für die Verletzung einer Hauptpflicht wie einer Schutzpflicht, sofern letztere zumindest **im Zusammenhang** mit dem Vertragsgegenstand steht.

Carl unterließ die Aufklärung im Falle nicht vorsätzlich, möglicherweise handelte er 36
aber grob fahrlässig. **Grob fahrlässig** handelt, wer die im Verkehr erforderliche Sorgfalt in **besonders schwerem Maße** verletzt und das nicht beachtet, was im vorliegenden Fall jedem einleuchten musste. Hierfür bietet der Sachverhalt aber keine Anhaltspunkte, Carl hatte Igor durchaus eingewiesen, und lediglich die Information über das zunächst vorsichtige Starten der Säge vergessen. Es sollte jedem klar sein, der zum ersten Mal eine ihm unbekannte, potentiell gefährliche Motorsäge verwendet, dass er dies umsichtig und mit gebotenem Respekt tun muss, statt sie wie Igor „voller Begeisterung"

sofort unter Höchstleistung einzusetzen. Da Carl nur für Vorsatz und grobe Fahrlässigkeit einzustehen hat, kann er sich deshalb von dem Verschuldensvorwurf **entlasten.** Igor hat somit im Ergebnis keinen Anspruch gegen Carl gem. §§ 280 Abs. 1, 599 BGB auf Zahlung von € 2000.

II. Anspruch von Igor gegen Carl gem. § 823 Abs. 1 BGB auf Zahlung von € 2000

37 Igor könnte jedoch gegen Carl auch einen Schadensersatzanspruch auf Zahlung von € 2000 wegen Körperverletzung gem. § 823 Abs. 1 BGB haben.

1. Tatbestand

Da Igor an der Hand verletzt wurde, liegt eine **Körperverletzung** im Sinne des § 823 Abs. 1 BGB vor. Als Verletzungshandlung kommt die **unterlassene Aufklärung** über die Gefährlichkeit der Säge in Betracht.

▷ *Ebenso vertretbar ist es hier, bei der Handlung in Form der Überlassung der Säge als aktives Tun anzuknüpfen.*

Die Unterlassung ist auch **äquivalent** und **adäquat kausal** für die Rechtsgutverletzung. Allerdings ist die Unterlassung nur dann **zurechenbar**, wenn für Carl eine **Rechtspflicht zum Handeln** bestand. Hier verletzte Carl seine **Verkehrssicherungspflicht**, da er eine gefährliche Sache in den Verkehr brachte, indem er Igor die Säge überließ.

2. **Rechtswidrigkeit** liegt vor.

3. Verschulden

38 Carl hat die Aufklärung auch fahrlässig unterlassen (s.o.). Fraglich ist aber, ob der **privilegierte Haftungsmaßstab** des § 599 BGB auch auf die **deliktische** Haftung des Verleihers anzuwenden ist. Nochmal: Zweck der Haftungsprivilegierung ist es, das **Haftungsrisiko** des Verleihers, der unentgeltlich tätig wird, zu **reduzieren.** Damit bewertet das Gesetz die Interessen des Verleihers höher als die des Entleihers an einem umfassenden Haftungsschutz. Diese **gesetzliche Interessenbewertung** würde **unterlaufen**, wenn man den Verleiher für die Pflichtverletzung zwar nicht vertraglich, wohl aber deliktisch haften lassen würde. Daher **erstreckt sich** die vertragliche Haftungsmilderung auch auf den konkurrierenden deliktischen Anspruch. Im Ergebnis kann Igor von Carl auch nicht gem. § 823 Abs. 1 BGB Zahlung von € 2000 verlangen.

Kapitel 2

Subsumtion am Beispiel des § 823 Abs. 1 BGB

Übersicht

Vertiefende Literatur

Musielak, S. 426 ff.; *Schapp/Schur*, S. 19 ff., S. 98 ff.; *Schwab/Löhnig*, S. 117 ff. 40

I. Subsumtionstechnik

Von Aristoteles (383–322 v. Chr.) überliefert ist der sog. **Syllogismus**, der Schluss von 41
zwei Prämissen auf einen Ergebnissatz, so zum Beispiel:

1. Prämisse 1 (Obersatz): Alle Griechen sind weise.
2. Prämisse 2 (Untersatz): Aristoteles ist Grieche.
3. Conclusio (Schlusssatz): Aristoteles ist weise (muss weise sein).

Bei der Rechtsanwendung im Wege der sog. **Subsumtion** zeigt sich nun eine gewisse 42
Parallele im Sinne einer „Schlussfolgerung" aus Norm und Lebenssachverhalt auf das Ergebnis. Allerdings funktioniert dies nicht aufgrund reiner Logik in Form einer „juristischen Rechenmaschine", sondern Hauptaufgabe (und Hauptschwierigkeit) ist die **wertende Beurteilung** eines Sachverhalts auf der Grundlage der geltenden Rechtsordnung.

43 Die **Rechtsfolge** einer Vorschrift tritt nur dann ein, wenn alle ihre Voraussetzungen nach einem Vergleich ihrer Tatbestandsmerkmale mit dem zugrundeliegenden Lebenssachverhalt erfüllt sind.

44 Rein „handwerklich" ist für die zu prüfende Anspruchsgrundlage zunächst ein konjunktivisch formulierter **Obersatz** zu bilden, der im Sinne des „Wer will was von wem woraus?" alle notwendigen Informationen enthält (Anspruchsteller, Anspruchsgegner, Anspruchsgegenstand und Anspruchsgrundlage).

Beispiel: „Diethelm könnte gegen Agathe einen Anspruch auf Ersatz der Arztkosten in Höhe von € 2000 aus § 823 Abs. 1 BGB haben."

45 Anschließend sind die einzelnen Tatbestandsmerkmale einer Norm im **Gutachtenstil** zu untersuchen. Anders als beim Urteilsstil der Gerichte steht das Ergebnis erst am Ende der Prüfung fest, die grundsätzlich in drei Schritten erfolgt:

1. Schritt: Das konkret untersuchte Element der Vorschrift ist zu nennen, auch hier wird der Konjunktiv verwendet („hätte", „könnte", „müsste").

Beispiel: Wird beispielsweise die „Handlung" im Rahmen von § 823 Abs. 1 BGB untersucht, lautete eine passende Formulierung: „Zunächst müsste der Schädiger gehandelt haben."

2. Schritt: Das geprüfte Merkmal ist juristisch zu definieren, im obigen Beispiel ist folglich zu bestimmen, was eine Handlung ist.

Beispiel: „Eine Handlung ist jedes vom menschlichen Willen beherrschbare Tun."

3. Schritt: Zuletzt erfolgt die tatsächliche Subsumtion, es werden Lebenssachverhalt und Normvoraussetzung miteinander verglichen. Anders gewendet wird festgestellt, ob der zugrundeliegende Fall den rechtlichen Tatbestand erfüllt. Dies ist die eigentliche juristische Arbeit.

Beispiel: „Indem der Schädiger dem Geschädigten ein Bein gestellt hat, hat er gehandelt."

II. § 823 Abs. 1 BGB als beispielhafte Norm

46 § 823 Abs. 1 BGB ist zwar keine Vorschrift des Allgemeinen Teils, sondern des Besonderen Schuldrechts, eignet sich allerdings wegen seiner zahlreichen recht plastischen und bereits aus dem Gesetzestext selbst erkennbaren Merkmale besonders gut als Norm zum Erlernen der Subsumtionstechnik. Zudem hat gerade diese Vorschrift des Deliktsrechts zentrale Bedeutung während des gesamten Studiums: „Wer vorsätzlich oder fahrlässig das Leben, den Körper, die Gesundheit, die Freiheit, das Eigentum oder ein sonstiges Recht eines anderen widerrechtlich verletzt, ist dem anderen zum Ersatz des daraus entstehenden Schadens verpflichtet."

47 Nicht vergessen werden darf allerdings, dass der an das **strafrechtrechtliche Prüfungsschema** erinnernde Aufbau des § 823 Abs. 1 BGB mit Tatbestand, Rechtswidrigkeit und Verschulden eine Eigenheit des – inhaltlich dem Strafrecht teilweise ähnlichen – Deliktsrechts ist. **Keinesfalls** gilt dieser Aufbau für sämtliche zivilrechtlichen Anspruchsgrundlagen. Je nach der zu prüfenden Norm muss hier immer ein anderer, jeweils im

konkreten Einzelfall passender Aufbau gewählt werden. Ein der strafrechtlichen Falllösung vergleichbares, relativ gleichförmiges Schema verbietet sich deshalb.

Fall 2 48

Agathe trifft auf dem Heimweg von ihrem regelmäßigen Karate-Training den Diethelm. Sie findet seinen gelben Jogginganzug unglaublich widerlich und fühlt sich dadurch belästigt. Kurzentschlossen zielt (und trifft) sie mit ihrer soeben erlernten Tritt-Sprung-Schlag-Kombination direkt auf Diethelms Nase, die daraufhin bricht.

Nach zweiwöchigem Krankenhausaufenthalt möchte Diethelm, der nicht krankenversichert ist, € 2000 Arztkosten und € 1000 Schmerzensgeld von Agathe haben. *Lösung Rn. 65*

1. Tatbestand

a) Handlung

Eine Handlung ist jedes menschliche Verhalten, sofern es vom Willen beherrschbar ist. Ein Unterlassen wird positivem Tun gleichgestellt, falls eine Rechtspflicht zum Handeln besteht. 49

Beispiel: Es liegt keine Handlung vor, wenn jemand im Schlaf seine Nachttischlampe „zerdeppert".

Fall 3 50

Carl vergisst trotz starken morgendlichen Schneefalls, auf der Treppe zu seinem Mehrfamilienhaus zu streuen. Diethelm, mittlerweile in einem schönen blauen Jogginganzug, rutscht vor seinem Briefkasten aus und verstaucht sich den Knöchel.

Er hätte von Carl gern die Arztkosten in Höhe von (diesmal zum Glück nur) € 500.

Lösung Rn. 66

b) Rechtsgutsverletzung

Eines der Rechtsgüter des § 823 Abs. 1 BGB muss verletzt sein, d.h. Leben, Körper, Gesundheit, Freiheit, Eigentum oder ein sonstiges Recht (beispielsweise der Name, ein Patent, das allgemeine Persönlichkeitsrecht etc.). 51

Beispiel: Eine verpasste Gewinnchance beim Lotto wird als reiner Vermögensschaden nicht erfasst, das Überfahren mit einer Dampfwalze wegen Verletzung des Körpers (und wahrscheinlich auch des Lebens) hingegen schon.

c) Haftungs*begründende* Kausalität

Die Handlung muss im naturwissenschaftlichen Sinne Ursache für die Rechtsgutsverletzung sein. Nach der „conditio sine qua non"-Formel (**Äquivalenztheorie**, d.h. allen Umständen kommt dieselbe Bedeutung zu) muss bei Hinwegdenken der Handlung der Erfolg in seiner konkreten Gestalt entfallen, d.h. die Rechtsgutsverletzung dürfte ohne die Handlung nicht in dieser Form entstanden sein. 52

Beispiel: Denkt man sich den Faustschlag ins Gesicht weg, bleibt die Nase unversehrt.

53 Würde man ausnahmslos der strengen Kausalität folgen, führte dies freilich in manchen Fällen zu kaum mehr vertretbaren Ergebnissen, da im Laufe der Zeit auch kleinste Ursachen größte Wirkungen haben können. Es mag deshalb hin und wieder zweifelhaft sein, ob man der in Anspruch genommenen Person die Schädigung (in Gestalt der Rechtsgutsverletzung, aber auch des Vermögensschadens, siehe sogleich unten bei der haftungsausfüllenden Kausalität) zurechnen kann. Einschränkend ist daher einmal die **Adäquanztheorie** zu berücksichtigen, d.h. die schädigende Handlung muss zunächst generell geeignet sein, den betreffenden Schaden herbeizuführen: Nach der Lebenserfahrung gänzlich unwahrscheinliche Umstände sind als zufällige Folge nicht mehr zurechenbar.

Beispiel Ein Autofahrer haftet nicht für den Tod einer Person, die aufgrund eines vom ihm verursachten Verkehrsunfalls eine Beinprothese trug und daher Jahre später bei einem Artillerieangriff während des Krieges den sicheren Bunker nicht mehr rechtzeitig erreichen konnte (vgl. BGH NJW 1952, 1010).

54 Ergänzend ist zu berücksichtigen, ob der geltend gemachte Schaden auch unter den **Schutzzweck** der verletzten Norm fällt (hier: § 823 Abs. 1 BGB selbst). Die Vorschrift muss den Geschädigten gerade vor dem eingetretenen Schaden schützen wollen und es muss ein innerer Zusammenhang zwischen ihm und der vom Schädiger geschaffenen Gefahrenlage bestehen.

Beispiel Einem Fahrraddieb ist die Rechtsgutsverletzung „Körper" nicht zuzurechnen, die der Geschädigte erlitten hat, weil er wegen des Diebstahls seines Fahrrads (Handlung, gleichzeitig Rechtsgutsverletzung „Eigentum") zu Fuß nach Hause gehen musste und dabei vom Blitz getroffen wurde.

55 **Fall 4**

Nach einem 14-tägigen Crash-Kurs als Amateurboxer sucht Diethelm nach einem passenden Opfer zum Erproben seiner neuen Fähigkeiten. Da kommt ihm Carl gerade recht, der versonnen die Reklameplakate im Schaufenster eines Reisebüros betrachtet. Mit einem ebenso gekonnten wie überraschenden linken Aufwärtshaken streckt Diethelm ihn nieder. Anschließend geht er befriedigt von dannen. Als Carl wieder aufwacht, fehlt seine Brieftasche mit € 1000, die während seiner Bewusstlosigkeit ein Unbekannter entwendet hat.

Carl möchte von Diethelm Schadensersatz. Dieser meint, die Arztkosten würde er gerne übernehmen, für den Diebstahl aber könne er nichts. *Lösung Rn. 68*

d) Schaden

56 Dem Anspruchssteller muss infolge der Verletzung eines geschützten Rechtsguts ein Schaden in seinem Vermögen entstanden sein. Dieser ergibt sich aus dem Vergleich der Situation **nach** Eintritt des schädigenden Ereignisses mit der hypothetischen Situation **ohne** das schädigende Ereignis (Differenzhypothese).

Beispiel: Auto nach und ohne Meteoriteneinschlag.

e) Haftungs*ausfüllende* Kausalität

Die Rechtsgutsverletzung muss Ursache für den (Vermögens-)Schaden sein. Es sind hier dieselben Aspekte zu berücksichtigen wie bei der haftungsbegründenden Kausalität (Äquivalenz- und Adäquanztheorie, Schutzzweck). 57

Systematisch steht die Prüfung der haftungsausfüllenden Kausalität zwar dem **Schadensrecht** gem. §§ 249 ff. BGB näher, aufbautechnisch jedoch erscheint es vorzugswürdig, sie nicht erst im Rahmen der Rechtsfolge, sondern bereits hier im Tatbestand anzusprechen, d.h. beim **Haftungsrecht** des § 823 Abs. 1 BGB. 58

2. Rechtswidrigkeit

Das Vorliegen des Tatbestands indiziert die Rechtswidrigkeit, d.h. es wird grundsätzlich vermutet, dass wer den Tatbestand verwirklicht, auch rechtswidrig handelt. Die Vermutung kann aber widerlegt werden, wenn sich ein **Rechtfertigungsgrund** positiv feststellen lässt. 59

Fall 5 60

Auch Kunigunde sehnt sich nach ein wenig Urlaub. Ohne besondere Probleme gelingt es ihr, ein Flugticket nach Timbuktu zu erwerben. Anschließend fährt sie mit einem Taxi von Tübingen zum Flughafen nach Stuttgart, das von Carl gesteuert wird. Er benutzt allerdings die „bewährte Abkürzung" über Karlsruhe und verlangt am Flughafen von Kunigunde den Taxameter-Betrag von € 168. Sie aber möchte nach der ewig langen Fahrt überhaupt nichts mehr bezahlen. Auf Carls Verlangen, ihren Personalausweis vorzuzeigen, versucht Kunigunde aus dem Taxi zu flüchten. Carl hält sie jedoch fest, bis die Polizei eintrifft und die Personalien von beiden aufnimmt. Aufgrund dieses Zwischenfalls erreicht Kunigunde ihr Flugzeug nicht mehr und muss mit einem (anderen) Taxi nach Frankfurt fahren, um wenigstens von dort aus ihre geplante Flugreise fortsetzen zu können. Nach ihrer Rückkehr verlangt sie von Carl Ersatz des zusätzlichen finanziellen Aufwands von € 200, der ihr durch die ganze Verzögerung entstanden ist. Carl lehnt jede Zahlung ab und erinnert höflich an den ihm noch zustehenden Fahrpreis.

Hat Kunigunde einen Anspruch gegen Carl? *Lösung Rn. 70*

3. Verschulden

Die Rechtsgutsverletzung, **nicht** allerdings der Schaden, muss entweder **vorsätzlich** – mit Wissen und Wollen des Erfolges –, oder **fahrlässig** – unter Außerachtlassung der im Verkehr erforderlichen Sorgfalt (§ 276 Abs. 2 BGB) – herbeigeführt worden sein. Bei fehlender **Deliktsfähigkeit** (vgl. § 828 BGB) kommt ein Verschulden im Sinne individueller Verantwortlichkeit für das eigene Handeln nicht in Betracht. 61

Beispiel: Schuldhaft handelt, wer den Briefträger wegen allzu vieler unerfreulicher Rechnungen absichtlich oder auch nur versehentlich die Treppe hinunter schubst.

62 **Fall 6**

Innerlich noch erregt von dem Ärger mit Kunigunde fällt es Carl schwer, sich mit seinem Taxi durch den Stuttgarter Stadtverkehr zu schlängeln. Plötzlich tut es einen dumpfen Schlag: Der 17jährige Elvis hat ausgerechnet die Beifahrertür des Taxis als Bremse für seinen neuesten Skateboard-Stunt missbraucht.

Wutentbrannt lässt Carl sein Taxi reparieren und verlangt anschließend Ersatz der Kosten in Höhe von € 800. *Lösung Rn. 72*

4. Rechtsfolge

63 Liegen Tatbestand, Rechtswidrigkeit und Verschulden vor, schuldet der Schädiger dem Geschädigten Schadensersatz nach Maßgabe der **§§ 249 ff. BGB**. Primär hat er Naturalrestitution zu leisten: er muss den wirtschaftlichen Zustand wiederherstellen, der ohne das schädigende Ereignis bestanden hätte (§ 249 Abs. 1 BGB).

64 **Immaterielle** Schäden werden nur in Ausnahmefällen ersetzt (§ 253 Abs. 1 BGB); in bestimmten Fällen ist aber die Zahlung von Schmerzensgeld gesetzlich vorgesehen (§ 253 Abs. 2 BGB).

III. Falllösungen

▶ **Fall 2** ◀ *(Rn. 48, Schmerzensgeld)*

65 Anspruch von Diethelm gegen Agathe auf Zahlung von € 2000 Arztkosten und € 1000 Schmerzensgeld aus § 823 Abs. 1 BGB

1. Tatbestand

a) Handlung (+)

Agathes Tritt-Sprung-Schlagkombination ist eine Handlung.

b) Rechtsgutverletzung (+)

Diethelms Körper wurde verletzt, eine Körperverletzung bedeutet einen nicht ganz unerheblichen physischen Eingriff in die Unversehrtheit.

c) Haftungsbegründende Kausalität (+)

Agathes Tritt war ursächlich für Diethelms Körperverletzung.

d) Schaden (+)

Diethelm ist ein Schaden in Form der Arztkosten in Höhe von € 2000 entstanden.

e) Haftungsausfüllende Kausalität (+)

Diethelms Körperverletzung war ursächlich für die Entstehung der Arztkosten.

2. Rechtswidrigkeit (+)

Auch ein widerlicher Jogginganzug ist kein Rechtfertigungsgrund.

3. Verschulden (+)

Agathe handelte vorsätzlich, sie wollte Diethelm in vollem Wissen um die Tatumstände treten.

4. Rechtsfolge

a) Materieller Schadensersatz

Diethelm kann von Agathe gem. § 249 Abs. 2 S. 1 BGB € 2.000 Wertersatz statt Naturalrestitution verlangen, denn er wird kaum wollen, dass Agathe die Operation an seiner Nase selbst vornimmt (vgl. § 249 Abs. 1 BGB).

b) Schmerzensgeldanspruch

Diethelm kann gem. § 253 Abs. 2 BGB zudem € 1.000 Schmerzensgeld verlangen.

▶ Fall 3 ◀ *(Rn. 50, Unterlassen)*

Anspruch von Diethelm gegen Carl auf Zahlung von € 500 Arztkosten aus § 823 Abs. 1 BGB **66**

1. Tatbestand

a) Handlung (+)

Carl hat nicht gestreut, er hat also gerade nicht gehandelt.

Allerdings traf ihn als Eigentümer die **Verkehrssicherungspflicht** (Schutz anderer vor einer selbst zu verantwortenden Gefahrenquelle, hier der möglicherweise glatte Gehsteig vor dem eigenen Mehrfamilienhaus), bei Glatteis zu streuen, damit niemand zu Schaden kommt. Seiner Streupflicht ist Carl jedoch nicht nachgekommen, sein Unterlassen steht einer positiven Handlung gleich. **67**

b) Rechtsgutverletzung (+)

Diethelms Körper wurde verletzt.

c) Haftungsbegründende Kausalität (+)

Carls Nichtstreuen war ursächlich für Diethelms Körperverletzung. Hätte Carl ordnungsgemäß gestreut, wäre der Gehweg vor dem Briefkasten nicht glatt gewesen, Diethelm wäre nicht ausgerutscht und hätte sich nicht den Knöchel verstaucht.

d) Schaden (+)

Diethelm ist ein Schaden in Form der Arztkosten in Höhe von € 500 entstanden.

e) Haftungsausfüllende Kausalität (+)

Diethelms Körperverletzung war ursächlich für die Entstehung der Arztkosten.

2. Rechtswidrigkeit (+)

Rechtfertigungsgründe sind nicht ersichtlich.

3. Verschulden (+)

Carl handelte zumindest fahrlässig gem. § 276 Abs. 2 BGB, weil er die im Verkehr erforderliche Sorgfalt außer Acht ließ, die es hier geboten hätte, den Gehweg zu streuen.

4. Rechtsfolge

Diethelm kann von Carl gem. § 249 Abs. 2 S. 1 BGB € 500 Wertersatz verlangen. Es sind im Sachverhalt keine Anhaltspunkte dafür ersichtlich, dass sich Diethelm besonders ungeschickt angestellt hätte, so dass ein Mitverschulden im Sinne von § 254 Abs. 1 BGB nicht in Betracht kommt.

▶ Fall 4 ◀ *(Rn. 55, haftungsausfüllende Kausalität)*

68 Anspruch von Carl gegen Diethelm auf Schadensersatz in Höhe von € 1.000 aus § 823 Abs. 1 BGB

1. Tatbestand

a) Handlung (+)

Durch seinen linken Aufwärtshaken hat Diethelm gehandelt.

b) Rechtsgutverletzung (+)

Sowohl Carls Körper als auch sein Eigentum wurden verletzt; ersterer durch den Aufwärtshaken, letzteres durch den Entzug der Brieftasche.

▷ *Dass Diethelm unmittelbar nur die Körperverletzung verursacht hat und die Eigentumsverletzung durch einen Dritten herbeigeführt wurde, spielt auf der Ebene der **Rechtsgutsverletzung** noch keine Rolle, sondern ist erst im Rahmen der **Kausalitätsprüfung** zu problematisieren. Nach der Fallfrage kommt es freilich auf die Eigentumsverletzung an, aus der sich der Schaden von € 1000 ergeben hat. Die aus der Körperverletzung resultierenden Arztkosten trägt Diethelm ja freiwillig. Auch wenn also die Prüfung letztlich am Eigentum anknüpfen muss, ändert dies nichts daran, dass hier zwei Rechtsgüter des Carl verletzt worden sind.*

c) Haftungsbegründende Kausalität (+/–)

Denkt man sich Diethelms Schlag weg, wäre Carl nicht bewusstlos geworden und ein Dritter hätte ihm nicht ohne Weiteres die Brieftasche entwenden können. Im Sinne der „conditio sine qua non"-Formel war Diethelms Handlung daher ursächlich nicht nur für die Körper-, sondern auch für die Eigentumsverletzung des Carl.

69 Fraglich ist jedoch, ob sie ihm tatsächlich **zugerechnet** werden kann. Mit Blick auf die Adäquanztheorie ist es zumindest nicht außerhalb jeglicher Wahrscheinlichkeit, dass ein Bewusstloser auch noch Opfer eines Diebstahls wird, insofern hat Diethelm durch

seinen Schlag die **generelle Gefahr** für das Eigentum des Carl erhöht. Andererseits ist zweifelhaft, inwiefern der Zweck des § 823 Abs. 1 BGB hinsichtlich eines Schutzes vor einer Körperverletzung auch auf eine nachfolgend – unter vollständiger Verwirklichung des Diebstahltatbestands in § 242 Abs. 1 StGB durch einen Dritten – eintretende Eigentumsverletzung erstrecken lässt oder ob dadurch nicht die deliktische Haftung überspannt wird.

▷ *Es erscheinen je nach Argumentation beide Ergebnisse vertretbar. Wird die Zurechnung abgelehnt, ist die Prüfung hier zu Ende, Carl hat keinen Schadensersatzanspruch gegen Diethelm. Rechnet man dagegen auch die Eigentumsverletzung dem Diethelm zu, ist wie folgt weiter zu prüfen:*

d) Schaden (+)

Carl ist ein Schaden in Höhe von € 1000 entstanden.

e) Haftungsausfüllende Kausalität (+)

Carls Eigentumsverletzung war ursächlich für den Vermögensschaden, anders ausgedrückt, der Verlust der Brieftasche ist beides zugleich, da das darin enthaltene Geld nicht nur in Carls Eigentum steht, sondern (zufälligerweise) auch sein Vermögen darstellt.

2. Rechtswidrigkeit (+)

Rechtfertigungsgründe sind nicht ersichtlich.

3. Verschulden (+)

Diethelm handelte vorsätzlich, er wollte Carl in vollem Wissen um die Tatumstände niederstrecken.

4. Rechtsfolge

Carl kann von Diethelm gem. § 249 Abs. 1 BGB € 1000 Schadensersatz verlangen.

▶ Fall 5 ◀ *(Rn. 60, Rechtfertigung durch Selbsthilfe)*

Anspruch von Kunigunde gegen Carl auf Zahlung von € 200 Mehrkosten aus § 823 Abs. 1 BGB **70**

1. Tatbestand

a) Handlung (+)

Carl hat gehandelt, indem er Kunigunde festgehalten hat.

b) Rechtsgutverletzung (+)

Kunigundes Freiheit wurde verletzt, da ihre körperliche Bewegungsfreiheit beeinträchtigt worden ist.

c) Haftungsbegründende Kausalität (+)

Das Festhalten durch Carl war ursächlich für die Freiheitsverletzung, weil es Kunigunde am Verlassen des Taxis gehindert hat.

d) Schaden (+)

Kunigunde ist ein Schaden in Form der zusätzlichen Reisekosten in Höhe von € 200 entstanden.

e) Haftungsausfüllende Kausalität (+)

Ohne die Freiheitsverletzung hätte Kunigunde ihr Flugzeug nicht verpasst und es wären keine weiteren Reisekosten angefallen.

2. Rechtswidrigkeit (–)

71 Carls Handeln könnte allerdings gerechtfertigt sein, wenn ihm ein **Selbsthilferecht** aus § 229 BGB zugestanden hätte. Er hatte Kunigunde nur deshalb festgehalten, um seinen eigenen Anspruch auf Begleichen der Taxi-Kosten durchzusetzen, der ihm aus dem Beförderungsvertrag gem. § 631 Abs. 1 BGB grundsätzlich zustand. Da Kunigunde nicht bereit war, Carl ihre Personalien mitzuteilen, wäre es später kaum möglich gewesen, diesen Anspruch durchzusetzen. Ein gewaltsames Festhalten war daher notwendig. Zwar ist das staatliche Gewaltmonopol zu achten, die Polizei wäre aber zu spät gekommen, ohne Carls Eingreifen wäre Kunigunde bereits verschwunden gewesen. Die Grenze des § 230 Abs. 1 BGB hat Carl auch nicht überschritten, er hat Kunigunde nur bis zum Eintreffen der Polizei an der Flucht gehindert. Carl handelte somit nicht rechtswidrig.

An diesem Ergebnis ändern auch der Umweg über Karlsruhe und der damit verbundene überhöhte Fahrpreis nichts. Selbst wenn Kunigunde dem Carl möglicherweise nur einen für die direkte Strecke von Tübingen nach Stuttgart angemessenen Preis hätte zahlen müssen, so konnte sie weder erwarten, gar nichts bezahlen zu müssen, noch sich ihrer Verpflichtung einfach durch Flucht entziehen zu können.

3. Rechtsfolge

Kunigunde hat keinen Anspruch gegen Carl aus § 823 Abs. 1 BGB.

▶ Fall 6 ◀ *(Rn. 62, Deliktsfähigkeit)*

72 Anspruch von Carl gegen Elvis auf Zahlung von € 800 Reparaturkosten aus § 823 Abs. 1 BGB

1. Tatbestand

a) Handlung (+)

Elvis hat gehandelt, indem er mit seinem Skateboard gegen Carls Taxi gestoßen ist.

b) Rechtsgutverletzung (+)

Carls Eigentum wurde in seiner Substanz verletzt (Sachbeschädigung), das Taxi hat eine ordentliche Beule.

c) Haftungsbegründende Kausalität (+)

Der Stunt von Elvis war ursächlich für die die Sachbeschädigung.

d) Schaden (+)

Carl ist ein Schaden in Form der Reparaturkosten in Höhe von € 800 entstanden.

e) Haftungsausfüllende Kausalität (+)

Die Sachbeschädigung war ursächlich für die Entstehung der Reparaturkosten.

2. Rechtswidrigkeit (+)

Rechtfertigungsgründe sind nicht ersichtlich.

3. Verschulden (+)

Elvis handelte zumindest fahrlässig gem. § 276 Abs. 2 BGB.

Allerdings war er erst 17 Jahre alt, so dass seine **Deliktsfähigkeit** zu prüfen ist. Für die 73
Sonderregel des § 828 Abs. 2 S. 1 BGB ist Elvis schon zu alt, aber gem. § 828 Abs. 3 BGB wäre er ausnahmsweise (Formulierung beachten!) nicht für den von ihm verursachten Schaden verantwortlich, wenn ihm die notwendige Einsichtsfähigkeit für die Folgen seines Handelns gefehlt haben sollte. Da Elvis fast volljährig ist und sich im Sachverhalt keine Anhaltspunkte dafür finden lassen, dass ihm nicht bewusst war, dass Stunts mit dem Skateboard im innerstädtischen Straßenverkehr mit gewissen Gefahren für Mensch und Material verbunden sein könnten, ist von Elvis' Deliktsfähigkeit auszugehen.

4. Rechtsfolge

Carl kann von Elvis gem. § 249 Abs. 2 S. 1 BGB € 800 Reparaturkostenersatz verlangen.

IV. Beispiel einer Lösung im Gutachtenstil

▷ *Abschließend wird die Lösung von* **Fall 2** *(Rn. 48) noch einmal ausführlich im* 74
Gutachtenstil dargestellt. Es handelt sich dabei freilich nur um eine mögliche, beispielhafte Fallbearbeitung.

§ 823 Abs. 1 BGB bezüglich der Arztkosten

Obersatz: Diethelm könnte gegen Agathe einen Anspruch auf Ersatz der Arztkosten in Höhe von € 2000 aus § 823 Abs. 1 BGB haben.

1. Tatbestand

a) Handlung

aa) *Frage/Voraussetzung:* Zunächst müsste Agathe gehandelt haben.
bb) *Definition:* Eine Handlung ist jedes vom menschlichen Willen beherrschbare Tun.
cc) *Antwort/Subsumtion:* Indem Agathe den Diethelm ins Gesicht getreten hat, hat sie gehandelt.

b) Rechtsgutverletzung

aa) Es müsste ein in § 823 Abs. 1 BGB genanntes Rechtsgut Diethelms verletzt worden sein. In Betracht kommt hier eine Körperverletzung.
bb) Eine Körperverletzung ist ein nicht ganz unerheblicher physischer Eingriff in die äußerliche Unversehrtheit.
cc) Diethelms Nase ist gebrochen, sein Körper wurde also verletzt.

c) Haftungsbegründende Kausalität

aa) Agathes Handlung müsste kausal für die Rechtsgutsverletzung Diethelms gewesen sein.
bb) Kausalität im naturwissenschaftlichen Sinne bedeutet, dass die Ursache nicht hinweg gedacht werden kann, ohne dass der Erfolg in seiner konkreten Gestalt entfiele.
cc) Denkt man sich den Tritt der Agathe weg, so wäre Diethelms Nase nicht gebrochen worden, haftungsbegründende Kausalität liegt somit vor.

d) Schaden

aa) Diethelm müsste auch ein Schaden entstanden sein.
bb) Schaden bedeutet jede Schlechterstellung des eigenen Vermögens.
cc) Diethelm muss die Arztkosten von € 2000 selbst bezahlen, da er nicht krankenversichert ist, er hat folglich einen Schaden erlitten.

e) Haftungsausfüllende Kausalität

aa) Die Körperverletzung Diethelms müsste kausal für seinen Schaden gewesen sein.
bb) Kausalität im naturwissenschaftlichen Sinne bedeutet, dass die Ursache nicht hinweg gedacht werden kann, ohne dass der Erfolg in seiner konkreten Gestalt entfiele.
cc) Ohne die Körperverletzung wären dem Diethelm die Arztkosten nicht entstanden. Kausalität liegt daher auch hier vor.

2. Rechtswidrigkeit

Agathe handelte rechtswidrig, denn auch ein widerlicher Jogginganzug ist kein Rechtfertigungsgrund.

3. Verschulden

Agathe handelte auch schuldhaft, da sie D vorsätzlich trat, § 823 Abs. 1 BGB.

4. Rechtsfolge

Diethelm hat einen Anspruch gegen Agathe auf Ersatz der Arztkosten von € 2000 gem. §§ 823 Abs. 1, 249 Abs. 2 S. 1 BGB.

§§ 823 Abs. 1, 253 Abs. 2 BGB bezüglich des Schmerzensgelds

Diethelm hat gegen Agathe auch einen Anspruch auf Schmerzensgeld in Höhe von € 1000 aus §§ 823 Abs. 1, 253 Abs. 2 BGB, da deren Voraussetzungen unproblematisch vorliegen, s.o.

Kapitel 3

Willenserklärung

Übersicht

I. Rechtsgeschäft 75

II. Äußerung (Objektiver Tatbestand)

1. Ausdrücklich
   Unmittelbar durch die Äußerung selbst
2. Konkludent
   Indirekt durch das gesamte Verhalten
3. Stillschweigend
   Grundsätzlich keine Willensäußerung, seltene Ausnahme bei geschäftlicher Gewohnheit

III. Wille (Subjektiver Tatbestand)

1. Handlungswille
   Willen, überhaupt bewusst zu handeln
2. Erklärungsbewusstsein
   Bewusstsein der rechtlichen Bedeutung des eigenen Verhaltens
3. Geschäftswille
   Absicht, einen ganz konkreten rechtlichen Erfolg herbeizuführen

IV. Auslegung

1. Bedeutung
   Ermittlung des für die rechtliche Beurteilung maßgeblichen Sinns (§ 133 BGB)
2. Grenze – Falsa demonstratio
   Bei übereinstimmendem Verständnis ist eine falsche Bezeichnung unschädlich
3. Gesetzliche Regelung
   a) Willenserklärungen im Allgemeinen
      Ermittlung des „wirklichen Willens" gem. § 133 BGB ohne Wortlautgrenze
   b) Nicht-empfangsbedürftige Willenserklärungen
      Gem. § 133 BGB ist allein der Wille des Erklärenden maßgeblich
   c) Empfangsbedürftige Willenserklärungen
      Gem. §§ 133, 157 BGB muss die Auslegung vom verobjektivierten Empfängerhorizont aus erfolgen
4. Methoden
   a) Wortlaut/Grammatik
      Genaue Textlektüre auf Grundlage des üblichen Sprachgebrauchs
   b) Sinn und Zweck (Telos)
      Ermittlung der Intention der Parteien, die sie mit der Erklärung verfolgt haben
   c) Systematik
      Bedeutung der Erklärung im Kontext sie umgebender Regelungen
   d) Entstehungsgeschichte
      Historische Hintergründe und Intentionen einer Erklärung
5. Ergänzende Vertragsauslegung
   Schließen einer unbeabsichtigten Regelungslücke nach dem hypothetischen Parteiwillen
6. Gesetzestechniken
   a) Legaldefinition
      Bindende Beschreibung häufig verwendeter Normmerkmale per Erklärungssatz
   b) Verweisung
      Bezugnahme auf eine andere Gesetzesstelle, um dieselbe Rechtsfolge zu erzielen

c) Vermutung
Unterstellung eines bestimmten typischen Geschehensablaufs
d) Materielle Auslegungsregel
Entscheidung für eine besonders naheliegende Möglichkeit in Zweifelsfällen
e) Fiktion
Gleichsetzen tatsächlich abweichender Tatbestände, um dieselbe Rechtsfolge zu erzielen

V. Falllösungen

Vertiefende Literatur

76 *Boecken,* S. 114 ff., S. 125 ff., S. 158 ff.; *Bork,* S. 161 ff., S. 219 ff.; M; *Brehm,* S. 86 ff., S. 104 ff., S. 234 ff.; *Brox/Walker,* S. 39 ff., S. 59 ff.; *Faust,* S. 27 ff.; *Köhler,* S. 46 ff., S. 120 ff.; *Larenz/Wolf,* S. 435 ff., S. 507 ff.; *Leipold,* S. 99 ff., S. 206 ff.; *Medicus,* S. 77 ff., S. 126 ff.; *Musielak,* S. 19 ff.; *Pawlowski,* S. 165 ff., 203 ff.; *Rüthers/Stadler,* S. 140 ff., 181 ff.; *Schack,* S. 54 ff., S. 69 ff.; *Schapp/Schur,* S. 164 ff.; *Schwab/Löhnig,* S. 211 ff., S. 252 ff.; *Wörlen/Metzler-Müller,* S. 71 ff.

Grundlegende Rechtsprechung

77
- Gesetzesauslegung (§ 833 S. 2 BGB: Biene als Haustier?) – *RGZ 158, 388*
- Grundsätze der ergänzenden Vertragsauslegung gem. §§ 157, 242 BGB – *BGHZ 9, 273*
- Abgrenzung von Gefälligkeit und Rechtsgeschäft („Lottogemeinschaft") – *BGH NJW 1974, 1705*
- Unschädlichkeit einer versehentlichen Falschbezeichnung im Rahmen von § 313 S. 1 BGB a.F. – *BGH NJW 1983, 1610*
- Anfechtbarkeit, nicht aber Unwirksamkeit, einer fahrlässig ohne Erklärungsbewusstsein geäußerten Willenserklärung – *BGH NJW 1984, 2279*

I. Rechtsgeschäft

78 Die Willenserklärung ist das Kernstück der Rechtsgeschäftslehre. Ein **Rechtsgeschäft** besteht aus mindestens einer Willenserklärung und oftmals noch weiteren Elementen. Es führt eine Rechtsfolge herbei, weil sie von den Parteien **gewollt** ist und von der Rechtsordnung anerkannt wird.

Beispiel: Testament oder Kündigung sind einseitige, Verträge dagegen zweiseitige Rechtsgeschäfte.

79 Vom Rechtsgeschäft abzugrenzen ist die **geschäftsähnliche Handlung**. Sie ist eine Willensäußerung, die auf einen rechtlichen Erfolg gerichtet ist, der aber nicht kraft Parteiwillens, sondern **kraft Gesetzes** eintritt.

Beispiel: Mahnung, Fristsetzung, Aufforderungen gemäß §§ 108 Abs. 2, 177 Abs. 2 BGB

80 Als Teil eines Rechtsgeschäfts zerfallen Willenserklärungen wiederum in einen objektiven und einen subjektiven Tatbestand. Ihre weitere Ausgestaltung ist im Einzelnen abhängig von der Art des Geschäfts, den beteiligten Personen und dem konkret ge-

wollten rechtlichen Erfolg. Ein gewisser grundlegender Aufbau ist allerdings allen Willenserklärungen gemeinsam.

II. Äußerung (Objektiver Tatbestand)

Der objektive Tatbestand der Willenserklärung in Gestalt der Äußerung des Willens ist 81
ein Verhalten, das den Schluss darauf zulässt, ein bestimmter **rechtlicher** Erfolg sei gewollt. Die Äußerung kann auf drei verschiedene Arten erfolgen:

1. Ausdrücklich

Der Geschäftswille (s. sogleich unten) des Erklärenden wird bei einer ausdrücklichen 82
Willenserklärung unmittelbar durch die **Äußerung selbst** deutlich.

Beispiel: „Verkaufen Sie mir dieses Buch, aber schnell!"

2. Konkludent

Der Geschäftswille des Erklärenden kommt bei einer konkludenten oder schlüssig 83
erklärten Willenserklärung erst indirekt durch sein **gesamtes Verhalten** zum Ausdruck.

Beispiel: Im Einsteigen in einen Bus liegt ein konkludentes Angebot zum Abschluss eines Beförderungsvertrags.

3. Stillschweigend

Grundsätzlich ist Schweigen **keine** Willenserklärung. Der Geschäftswille des Erklären- 84
den wird bei einer stillschweigenden Willenserklärung daher nur **ausnahmsweise** deutlich, wenn die Parteivereinbarung oder das Gesetz es vorsehen.

Beispiel: Antwortet ein Kaufmann im Rahmen seiner üblichen Tätigkeit auf ein Angebot eines Geschäftspartners nicht umgehend, gilt sein Schweigen als Annahme (§ 362 Abs. 1 HGB, Fiktion des so genannten „Kaufmännischen Bestätigungsschreibens").

III. Wille (Subjektiver Tatbestand)

Der subjektive Tatbestand der Willenserklärung, der „Wille an sich" umfasst drei Ele- 85
mente. Die Existenz bzw. das Fehlen dieser Merkmale hat jedoch unterschiedliche rechtliche Bedeutung.

1. Handlungswille

Der Handlungswille bezeichnet den Willen, **überhaupt bewusst** zu handeln. Fehlt 86
dieser, liegt keine wirksame Willenserklärung vor.

Beispiel: Handlungswillen existiert beim Sprechen oder bei bestimmten Gesten, nicht aber bei Handlungen im Schlaf oder bei nicht zu widerstehender Fremdbestimmung (vis absoluta).

87 **Fall 7**

Carl parkt erst einmal sein Taxi, um etwas trinken zu gehen. Aus Versehen landet er jedoch nicht in einem Weinlokal, sondern bei einer Weinversteigerung. Nach dortiger, bereits lange gepflegter Sitte wird durch Handheben ein Gebot abgegeben oder erhöht. Carl wird die Veranstaltung bald langweilig, und ohnehin müde durch die lange Taxifahrt schläft er ein. Seine Träume sind auch weitaus spannender: Als Tarzan, König des Dschungels, hangelt er sich behände von Liane zu Liane. Außerdem erhält er den Zuschlag für ein 500 Liter-Fass Trollinger.

Hat Carl eine wirksame Willenserklärung abgegeben? *Lösung Rn. 126*

2. Erklärungsbewusstsein

88 Das Erklärungsbewusstsein, für das auch die Ausdrücke **Erklärungs-** oder **Rechtsbindungswille** geläufig sind, bedeutet, dass dem Erklärenden bei der Willensäußerung bewusst gewesen sein muss, dass sein Verhalten **einen rechtlichen Erfolg** erzielen sollte.

89 Fehlt der erforderliche Rechtsbindungswille, kann es sich gerade bei einer Bitte oder einem Versprechen um eine **reine Gefälligkeit** handeln, die keine rechtlichen Verpflichtungen entstehen lässt. Im Zweifelsfall ist aus der Sicht eines objektiven Dritten zu beurteilen, ob eine rechtliche Bindung des Erklärenden gewollt war oder nicht. Für das Vorliegen eines Rechtsbindungswillens spricht beispielsweise die für die andere Partei erkennbare ideelle oder wirtschaftliche Bedeutung der Äußerung für den Erklärenden.

Beispiel: So ist im Falle eines: „Bring' mir bitte ein Eis mit!" kaum eine rechtliche Bindung im Sinne eines Auftrags (vgl. § 662 ff. BGB) gewollt, anders dagegen wenn es heißt: „Pass' bitte ganz besonders auf den Koffer mit den € 5 Mio. auf!"

90 Nach mittlerweile h.M. genügt es bei fehlendem Erklärungsbewusstsein allerdings, dass dem Erklärenden seine Äußerung **zugerechnet** werden kann. Dies ist dann möglich, wenn der Erklärungsempfänger darauf vertrauen durfte, dass der Erklärende einen rechtserheblichen Willen äußern wollte und dieser bei **Anwendung pflichtgemäßer Sorgfalt** hätte erkennen und vermeiden können, dass sein Verhalten als Willenserklärung aufgefasst werden konnte.

Beispiel: Erklärungsbewusstsein liegt vor beim Unterschreiben eines Kaufangebots im Glauben, es sei ein Kündigungsschreiben, nicht dagegen bei einer privaten Einladung zum Essen oder einer anschließenden „Liebeserklärung".

91 **Fall 8**

Mittlerweile wieder wach, sieht Carl am anderen Ende des Saales seinen Freund Larry, und winkt ihm freudig zu. Kurz darauf ist er Eigentümer eines weiteren Fasses Trollinger.

Hat Carl diesmal eine wirksame Willenserklärung abgegeben? *Lösung Rn. 127*

3. Geschäftswille

92 Der Geschäftswille bezeichnet die Absicht, mit der Willenserklärung einen **ganz konkreten rechtlichen Erfolg** herbeizuführen.

Gerade beim (Klausur-)Regelfall empfangsbedürftiger Willenserklärungen unter Abwesenden (dazu eingehend in Kapitel 4, Rn. 149 ff.) können Schwierigkeiten auftreten, da der Inhalt der Erklärung häufig vom Erklärenden und vom Erklärungsempfänger unterschiedlich aufgefasst wird. Soll in diesen Fällen nur das tatsächlich Erklärte gelten, wird der Empfänger benachteiligt. Soll nur das tatsächlich Verstandene gelten, wird der Erklärende benachteiligt. 93

Gleichsam als Kompromiss hat daher die **Auslegung** (dazu sogleich unten) vom so genannten **verobjektivierten Empfängerhorizont** aus zu erfolgen. Danach gilt als Inhalt der Erklärung, was ein fiktiver, wohlinformierter und verständiger Dritter an der Stelle des Empfängers verstanden hätte. 94

Stimmt dieses Ergebnis nicht mit dem vom Erklärenden tatsächlich Gewollten überein, so fehlt ihm hinsichtlich dieses konkreten Inhalts der Willenserklärung der Geschäftswille. Damit ist die Willenserklärung aber **nicht unwirksam**, sondern nur wegen Inhaltsirrtums **anfechtbar** (§§ 119 Abs. 1, 1. Alt., 142 ff. BGB). Der Erklärende kann auf diese Weise selbst entscheiden, ob er seine so verstandene Willenserklärung gelten lassen will oder nicht. 95

Beispiel: Wenn jemand ein Kaufangebot unterschreibt im Glauben, es handele sich um ein Kündigungsschreiben (s.o.), fehlt ihm der Geschäftswille in Bezug auf den Abschluss eines Kaufvertrags.

Fall 9 96

Jetzt hat Carl das Prinzip der Versteigerung verstanden. Da er schon immer einen italienischen Sportwagen fahren wollte und der Preis unverschämt günstig ist, ersteigert er kurzentschlossen den Frascati für € 3000. Warum er dann aber ein weiteres Fass Wein bekommt, ist ihm völlig schleierhaft.

Hat Carl nun endlich eine wirksame Willenserklärung abgegeben? *Lösung Rn. 128*

IV. Auslegung

Außer in den allereinfachsten Fällen kommt man meistens nicht umhin, einzelne Willenserklärungen auszulegen.

1. Bedeutung

Auslegung hat das Ziel, den **für die rechtliche Beurteilung maßgeblichen Sinn** einer Willenserklärung herauszufinden. Anders ausgedrückt versucht man, den hinter der Erklärung stehenden **Geschäftswillen** (s.o.) des Erklärenden zu ermitteln (§ 133 BGB). 97

Voraussetzung für die Auslegung ist, dass überhaupt eine wirksame Willenserklärung vorliegt. Wird der darin enthaltene Geschäftswille vom Empfänger **richtig** erkannt, gilt dieser. Eine weitere Auslegung ist weder notwendig noch statthaft. 98

▷ *Die Auslegung ist **vorrangig** gegenüber dem (eher seltenen) **Dissens** (§ 154 f. BGB) und der **Anfechtung** (§§ 142, 119 ff. BGB).* 99

2. Grenze – Falsa demonstratio

100 Deutlich wird die **zwingende Zurückhaltung** bei der Auslegung anhand der Sonderregel der sog. „falsa demonstratio“: Wenn der Erklärende objektiv etwas anderes erklärt, als er tatsächlich beabsichtigt hat, der Empfänger dies aber dennoch im Sinne des Erklärenden versteht, gilt das beiderseits Gewollte trotz des anderen Wortlauts. Anders gewendet: Wenn **beide** Parteien bei einer Erklärung nicht den Wortlaut, sondern **übereinstimmend** einen anderen Sinn verstehen, schadet die falsche Bezeichnung nicht (**falsa demonstratio non nocet**).

Beispiel: Ein jüngst verstorbener, hochbetagter Professor vermacht einem langjährigen Freund seine „Bibliothek“. Beide wissen jedoch im Hinblick auf viele gemeinsam verbrachte Herrenabende mit manch gutem Tropfen, dass es sich dabei nur um den Weinkeller handeln kann.

101 Es macht nämlich keinerlei Sinn, den Parteien im falsch verstandenen Interesse einer möglichst objektiven Auslegung ein **beiderseits nicht gewolltes Ergebnis** aufzuzwingen.

102 Deutlich macht dies auch noch einmal der berühmte **„Haakjöringsköd-Fall“** des Reichsgerichts von 1920 (RGZ 99, 147). Dort stritten sich Käufer und Verkäufer über eine vermeintliche Dampfer-Ladung Walfischfleisch, da tatsächlich Haifischfleisch (norwegisch: Haakjöringsköd) geliefert worden war. Allerdings stellte das Reichsgericht fest, „dass beide Parteien über Walfischfleisch abschließend wollten, dass sie sich aber bei der Erklärung ihres Vertragswillens irrtümlich der **beiden Willen nicht entsprechenden Bezeichnung Haakjöringsköd** bedient haben. Das zwischen ihnen bestehende Rechtsverhältnis ist daher ebenso zu beurteilen, wie wenn sie sich der **ihrem Willen entsprechenden Bezeichnung Walfischfleisch** bedient hätten.“

3. Gesetzliche Regelung

a) Willenserklärungen im Allgemeinen

103 Für Willenserklärungen im Allgemeinen schreibt **§ 133 BGB** vor, dass der **„wirkliche Wille“** (= Geschäftswillen) des Erklärenden „zu erforschen ist“, und „nicht an dem buchstäblichen Sinne des Ausdrucks zu haften“ ist, d.h. dass der **Wortlaut** der Erklärung **keine zwingende Grenze** bildet.

b) Nicht-empfangsbedürftige Willenserklärungen

104 Bei **nicht-empfangsbedürftigen** Willenserklärungen **bleibt es** bei der Regel des § 133 BGB. Es kommt bei ihnen allein auf den **empirisch ermittelten Willen des Erklärenden** an, auf etwaige Empfänger ist keine besondere Rücksicht zu nehmen, der Gedanke des **Vertrauensschutzes** spielt hier keine Rolle.

Beispiel: Eine solche „natürliche“ Auslegung gilt u.a. für letztwillige Verfügungen (vgl. aber § 2084 BGB), für die Auslobung (§ 657 BGB) und die Dereliktion (§ 959 BGB).

c) Empfangsbedürftige Willenserklärungen

105 Bei **empfangsbedürftigen** Willenserklärungen und den aus ihnen zusammengesetzten Verträgen kommt es zusätzlich – und schlussendlich vorrangig – auf das Verständ-

nis des **Erklärungsempfängers** nach objektiven Maßstäben an. **§ 157 BGB** bestimmt insofern, dass Verträge so auszulegen sind, „wie Treu und Glauben mit Rücksicht auf die Verkehrssitte es erfordern". Gleichsam als Kompromiss unterschiedlicher Ansichten der Parteien hat daher die Auslegung vom so genannten **verobjektivierten Empfängerhorizont** aus zu erfolgen (s.o., Rn. 94).

4. Methoden

Bei der Auslegung von **Rechtsgeschäften** werden größtenteils dieselben Methoden wie bei der **Gesetzesauslegung** verwendet. Mit Ausnahme der grammatikalischen Auslegung – mit der generell begonnen werden sollte – gibt es keine zwingende Reihenfolge der Methoden, auch sind keinesfalls immer alle von ihnen zu berücksichtigen, wenn es an ausreichenden Anhaltspunkten fehlt. **106**

a) Wortlaut/Grammatik

Die Auslegung beginnt beim Wortlaut einer Erklärung, eines Vertrages oder einer Rechtsnorm, d.h. der Text ist besonders **genau zu lesen** und zu analysieren. Von den Parteien selbst formuliert, bietet er regelmäßig den maßgeblichen – allerdings häufig auch einzigen – Anhaltspunkt (vgl. die Unklarheitenregel bei formularvertraglichen AGB, § 305c Abs. 2 BGB). Es ist insoweit der unter den Parteien und ihren „Verkehrskreisen" übliche Sprachgebrauch zugrunde zu legen, darüber hinaus das allgemein Übliche. **107**

> **Beispiel:** Besonders häufig sind Handelsfloskeln wie „frei Haus" (Versandkosten trägt der Verkäufer) oder „Angebot freibleibend" (Ausschluss vertraglicher Bindung, d.h. bloße invitatio ad offerendum [s.u. Kapitel 5, Rn. 185 ff.]).

Selbst wenn man nichts weiter über die konkreten Verhältnisse weiß, steht der Wortlaut immer einer Untersuchung offen und muss in der Praxis mangels Alternativen häufig die einzige Informationsquelle bleiben. **108**

b) Sinn und Zweck (Telos)

Mit der teleologischen Auslegungsmethode wird untersucht, welchen Zweck die Erklärung verfolgt hat oder welchen Sinn eine bestimmte Norm haben sollte. Es ist dabei die Interessenlage beider Parteien im Rahmen eines Vertrags bzw. die Intention des Gesetzgebers bei einer Vorschrift zu beachten. **109**

Die Auslegung nach Sinn und Zweck liefert oftmals maßgebliche Erkenntnisse und folgt in der (Klausur-)Praxis regelmäßig der grammatikalischen Auslegung. Auch diese Methode kommt weitgehend ohne „externes Wissen" aus und kann allein auf Grundlage des Sachverhalts und **eingehender Argumentation (!)** brauchbare Ergebnisse liefern. **110**

c) Systematik

Bei der systematischen Auslegung wird das „Umfeld" einer Willenserklärung oder einer Norm betrachtet. Deren relevante Bedeutung lässt sich zuweilen anhand des **Kontexts** **111** erschließen, beispielsweise in welchem Vertrags- oder Gesetzesabschnitt sich eine Regelung befindet oder wie die Vorschriften davor oder danach aussehen.

Beispiel: Eine nicht weiter präzisierte Regelung über die „Vergütung", die sich in einem Gesellschaftsvertrag innerhalb eines Abschnitts über Rechte und Pflichten von Aufsichtsräten befindet, wird sich wohl nur auf deren Entgelt beziehen.

112 Voraussetzung ist freilich nicht nur die **Existenz** eines Regelwerks mit mehr als einer Bestimmung, sondern auch eine gewisse **Kenntnis** über eben dieses „Normumfeld".

d) Entstehungsgeschichte

113 Die historische Auslegung schließlich versucht bei Willenserklärungen oder Verträgen zu ermitteln, warum sich die Parteien zu der konkreten Abmachung bereitfanden, was sie eventuell in vorangegangenen Verhandlungen vereinbart hatten oder wie sie frühere Geschäfte abgewickelt haben. Gleichermaßen gilt es bei einer Norm zu erschließen, wie diese entstanden ist bzw. welche gesetzgeberische Intention ursprünglich mit ihr verfolgt und wie sie bisher gehandhabt wurde.

Beispiel: Haben die Parteien Frachtgeschäfte „immer schon" auf eine bestimmte Weise durchgeführt, richtet sich die eher unspezifische Abmachung über die Beladung eines Schiffs wohl auch danach.

114 In noch höherem Maße als die systematische Auslegung verlangt die historische Auslegungsmethode **grundlegende Kenntnis** weiterer Umstände außerhalb der betreffenden Willenserklärung oder Gesetzesvorschrift. Nur wenn die Hintergründe der Entstehungsgeschichte im Einzelnen bekannt sind, führt sie zu verwertbaren Ergebnissen.

5. Ergänzende Vertragsauslegung

115 In seltenen Fällen ist eine über den Erklärungs- bzw. Vertragsinhalt hinausgehende Auslegung möglich, wenn eine **unbeabsichtigte Regelungslücke** vorliegt und sich nicht bereits aus dem übrigen Recht eine Lösung ergibt.

116 Um diese Lücken zu schließen und Unklarheiten zu beseitigen, bedient man sich der sog. **ergänzenden Vertragsauslegung**, deren gesetzliche Anker auch die **§§ 133, 157 BGB** sind. Es ist dabei letztlich darauf abzustellen, was redliche und verständige Parteien in Kenntnis der Regelungslücke nach dem Vertragszweck und bei sachgemäßer **Abwägung ihrer beiderseitigen Interessen** nach Treu und Glauben vereinbart hätten.

Beispiel Eine Telefongesellschaft darf aufgrund häufig aufgetretener Missbräuche auch anfangs unbefristet verwendbare Telefonkarten nachträglich befristen (Regelungslücke: Geltungsdauer). Es genügt insoweit, dass sie den betroffenen Kartenbesitzern ein unbefristetes Umtauschrecht einräumt. Einen etwaigen Sammlerwert besonderer Motivkarten muss sie nicht ersetzen (vgl. BGH NJW-RR 2008, 592).

▷ *Da die ergänzende Vertragsauslegung über das normale „Auslegungsprogramm" hinausgeht, ist sie allenfalls **vorsichtig** anzuwenden.*

6. Gesetzestechniken

Auch das Gesetz selbst verwendet an einigen Stellen bestimmte Techniken, die erheblichen Einfluss auf das Ergebnis der Auslegung haben können. 117

▷ *Die Mühe der „eigentlichen" Auslegung können diese Techniken regelmäßig freilich nicht ersetzen, zumal sie selbst nicht immer frei von Unbestimmtheiten sind.*

a) Legaldefinition

Legaldefinitionen beschreiben üblicherweise einzelne Tatbestandsmerkmale, um auch in anderen Normen verwendete, gerade mit Blick auf den allgemeinen Sprachgebrauch mehrdeutige Begriffe genauer zu bestimmen. Im BGB finden sie sich entweder als Definitionssatz oder in Klammern im Anschluss an einzelne Aussagen. 118

Beispiel „Fahrlässig handelt, wer die im Verkehr erforderliche Sorgfalt außer Acht lässt." (§ 276 Abs. 2 BGB), „... ohne schuldhaftes Zögern (unverzüglich)" (§ 121 Abs. 1 S. 1 BGB), „Hat im Falle einer durch Rechtsgeschäft erteilten Vertretungsmacht (Vollmacht) ..." (§ 166 Abs. 2 S. 1 BGB), „Die vorherige Zustimmung (Einwilligung)..." (§ 183 S. 1 BGB)

▷ *Sofern einschlägig, sind bei der Fallprüfung diese Definitionen zu verwenden und dürfen nicht durch „eigene" ersetzt werden!*

b) Verweisung

Bei einer Verweisung wird statt einer genauen (erneuten) Beschreibung eines Tatbestandsmerkmals auf eine andere Stelle des Gesetzes Bezug genommen, um Wiederholungen und unnötig lange Passagen zu vermeiden, und dennoch dieselbe Rechtsfolge erzielen zu können. 119

Beispiel: §§ 292 Abs. 1, 437, 651 Abs. 1, 951 Abs. 1 BGB

Zwei **Typen** von Verweisungen sind zu unterscheiden, die sich allerdings mangels gesetzlicher Unterscheidung im konkreten Einzelfall nicht immer leicht zuordnen lassen: 120

1. **Rechtsgrundverweisung:** Verweisung auf eine andere Norm **insgesamt**, deren **eigener Tatbestand erfüllt** sein muss, damit die dort angeordnete Rechtsfolge auch im vorliegenden Fall eintritt.
2. **Rechtsfolgenverweisung:** Verweisung nur auf die **Rechtsfolge** einer anderen Norm, **ohne** dass es darauf ankommt, dass deren eigener Tatbestand auch konkret erfüllt ist.

c) Vermutung

Bei einer Vermutung unterstellt das Gesetz einen bestimmten Geschehensablauf, wie er sich **typischerweise** ergibt. Im BGB sind Vermutungen üblicherweise an der Formulierung „es wird vermutet" zu erkennen, teilweise finden sich aber auch andere Ausdrücke. 121

Beispiel: „Zeigt sich innerhalb von sechs Monaten seit Gefahrübergang ein Sachmangel, so wird vermutet, dass die Sache bereits bei Gefahrübergang mangelhaft war, es sei denn, diese

Vermutung ist mit der Art der Sache oder des Mangels unvereinbar." (§ 476 BGB), vgl. weiter §§ 891, 1006 BGB, implizit z.B. auch §§ 280 Abs. 1 S. 2 BGB.

122 Gesetzliche Vermutungen sind prinzipiell **widerlegbar**, allerdings muss dazu bewiesen werden, dass der Geschehensablauf tatsächlich anders war als typischerweise. Es **kehrt** sich mit anderen Worten die übliche Regel der **Beweislast** um: Es muss nicht mehr der Begünstigte die Grundlage seines Anspruchs, sondern dessen Gegner deren Nichtvorliegen beweisen.

Beispiel: Im Falle des vorgenannten § 476 BGB muss nun der Verkäufer beweisen, dass der Mangel tatsächlich noch nicht bei Gefahrübergang (Übergabe der Sache, vgl. § 446 S. 1 BGB) vorgelegen hat bzw. damals vorgelegen haben kann.

▷ ***Unwiderlegliche*** *Vermutungen sind ausgesprochen selten, vgl. § 1566 BGB (vermutetes Scheitern der Ehe wegen längeren Getrenntlebens).*

d) Materielle Auslegungsregel

123 Relativ häufig „entscheidet" sich das Gesetz ähnlich wie bei der Vermutung für eine von mehreren Möglichkeiten, die so lange für die nächstliegende gehalten wird, wie nicht das Gegenteil feststeht. Im BGB wird dazu die Formulierung **„im Zweifel"** verwendet.

Beispiel „Der zur Dienstleistung Verpflichtete hat die Dienste im Zweifel in Person zu leisten." (§ 613 S. 1 BGB), „Lässt der Inhalt einer letztwilligen Verfügung verschiedene Auslegungen zu, so ist im Zweifel diejenige Auslegung vorzuziehen, bei welcher die Verfügung Erfolg haben kann." (§ 2084 BGB), vgl. weiter §§ 113, 329, 415 BGB.

124 Die Folge einer solchen sog. materiellen Auslegungsregel ist wiederum die **Umkehr der Beweislast**.

▷ *Gerade bei dieser Auslegungsregel wird deutlich, dass die „Gesetzestechniken"* ***subsidiär*** *sind gegenüber der „eigentlichen" Auslegung: Sie kommt nur dann in Betracht, wenn nach der regelmäßigen Auslegung überhaupt noch Zweifel bestehen.*

e) Fiktion

125 Bei einer Fiktion werden zwei an sich **unterschiedliche** Tatbestände **gleichgesetzt**, um **dieselbe Rechtsfolge** zu erhalten. Während der Inhalt einer Vermutung zumindest vorliegen **kann**, entspricht derjenige der Fiktion **niemals** den Tatsachen, es soll lediglich die Rechtsanwendung erleichtert werden. Im BGB sind Fiktionen üblicherweise am Wörtchen **„gilt"** zu erkennen.

Beispiel „Als Irrtum über den Inhalt der Erklärung gilt auch der Irrtum über solche Eigenschaften der Person oder der Sache, die im Verkehr als wesentlich angesehen werden." (§ 119 Abs. 2 BGB), „Wer zur Zeit des Erbfalls noch nicht lebte, aber bereits gezeugt war, gilt als vor dem Erbfall geboren." (§ 1923 BGB), vgl. weiter u.a. §§ 110, 149 S. 2, 674, eine andere Formulierung findet sich z.B. in § 142 BGB. Hübsch auch die Reichsschokoladenverordnung: „Weihnachtsmänner im Sinne dieser Verordnung sind auch Osterhasen."

V. Falllösungen

▶ Fall 7 ◀ *(Rn. 87, Handlungswillen)*

Carl schläft, ihm fehlt bereits der Handlungswillen. **126**

▶ Fall 8 ◀ *(Rn. 91, Erklärungsbewusstsein)*

Carl will mit dem Handheben keine rechtlich relevante Erklärung abgeben, ihm fehlt das Erklärungsbewusstsein (vgl. § 156 BGB). **127**

Allerdings muss er sich die rechtliche Wirkung seines Handelns **zurechnen** lassen, weil er hätte erkennen können und müssen, welche Bedeutung seinem Winken unter den gegebenen Umständen vom insofern schutzwürdigen Auktionator beigemessen werden musste (sog. „**Erklärungsfahrlässigkeit**" bzw. Theorie vom „potentiellen Erklärungsbewusstsein"). Dies zumal er vorher bereits ein Fass Wein (wenn auch unfreiwillig) „ersteigert" hatte. Carl hat somit eine wirksame Willenserklärung abgegeben.

Carl bleibt es freilich unbenommen, seine Willenserklärung wegen Erklärungsirrtums gem. §§ 119 Abs. 1, 2. Alt., 142 ff. BGB **anzufechten**, denn er wollte eine Erklärung diesen Inhalts gar nicht abgeben.

▶ Fall 9 ◀ *(Rn. 96, Geschäftswillen)*

Carl wollte einen Sportwagen und keinen Wein ersteigern, hinsichtlich des Frascati mit der Bedeutung „Wein" fehlte ihm der Geschäftswillen. Vom maßgeblichen, **verobjektivierten Empfängerhorizont** aus betrachtet kann seiner Erklärung aber nur der Inhalt „Wein" beigelegt werden, da es bei der gesamten Veranstaltung um Weine und nicht um Sportwagen ging und Carl zudem bereits einen erklecklichen Vorrat an Trollinger angelegt hatte. Carl hat daher den Wein wirksam ersteigert. **128**

Auch hier kann Carl seine Willenserklärung **anfechten**, diesmal wegen Inhaltsirrtums gem. §§ 119 Abs. 1 1. Alt., 142 ff. BGB, denn er irrte sich über den konkreten rechtlichen Inhalt seiner Erklärung.

Kapitel 4

Abgabe und Zugang von Willenserklärungen

Übersicht

I. Abgabe 129
Willentliches Entäußern der Willenserklärung in Richtung des Empfängers
1. Nicht empfangsbedürftige Willenserklärung
   Willentliches Entäußern genügt
2. Empfangsbedürftige Willenserklärung
   a) Unter Anwesenden
      aa) Verkörperte Willenserklärung
          Übergabe des Erklärungsmittels
      bb) Nicht verkörperte Willenserklärung
          Akustisch verständliche Äußerung
   b) Unter Abwesenden
      aa) Verkörperte Willenserklärung
          Willentliches Entäußern des Erklärungsmittels oder Übergabe per Boten
      bb) Nicht verkörperte Willenserklärung
          Übermittlung per Boten

II. Zugang
1. Nicht empfangsbedürftige Willenserklärung
   Unmittelbar mit Abgabe wirksam
2. Empfangsbedürftige Willenserklärung
   a) Unter Anwesenden
      aa) Verkörperte Willenserklärung
          Erhalten des Erklärungsmittels
      bb) Nicht verkörperte Willenserklärung
          Akustisch richtiges Vernehmen der Erklärung
   b) Unter Abwesenden
      Einzige gesetzlich explizit angesprochene Konstellation (§ 130 Abs. 1 S. 1 BGB)
      aa) Verkörperte Willenserklärung
          Objektive Möglichkeit, das verwendete Erklärungsmittel unter regelmäßigen Umständen zur Kenntnis zu nehmen
      bb) Nicht verkörperte Willenserklärung
          Akustisch richtiges Vernehmen der Erklärung des Boten, Risiko von Missverständnissen je nach Sphärenzuordnung

III. Ausnahmen
Hindernisse beispielsweise durch Widerruf (§ 130 Abs. 1 S. 2 BGB), beschränkt geschäftsfähigen Empfänger (§ 131 BGB), sonstige Zugangsstörungen

IV. Falllösungen

Vertiefende Literatur

Boecken, S. 137 ff.; *Bork*, S. 231 ff.; *Brehm*, S. 117 ff.; *Brox/Walker*, S. 69 ff.; *Köhler*, S. 50 ff.; *Larenz/Wolf*, S. 467 ff.; *Leipold*, S. 153 ff.; *Medicus*, S. 110 ff.; *Musielak*, S. 31 ff.; *Pawlowski*, S. 177 ff.; *Rüthers/Stadler*, S. 160 ff.; *Schack*, S. 58 ff.; *Schwab/Löhnig*, S. 224 ff.; *Wörlen/Metzler-Müller*, S. 93 ff. 130

Grundlegende Rechtsprechung

131
- Zeitpunkt des Zugangs, nicht der Kenntnisnahme, maßgeblich auch im Fall des Widerrufs gem. § 130 Abs. 1 S. 2 BGB – *RGZ 91, 60*
- Ausnahmsweise bedeutsames Schweigen auf eine Willenserklärung (Sonderfall des „kaufmännischen Bestätigungsschreibens“) – *BGH NJW 1954, 105*
- Keine Wirksamkeit einer abhanden gekommenen Willenserklärung selbst bei Fahrlässigkeit des Erklärenden – *BGHZ 65, 13*
- Fiktion des Zugangs gem. § 242 BGB bei Zustellung einer Willenserklärung – *BGH NJW 1977, 194*
- Eignung als Empfangsbote – *BSG NJW 2005, 1303*

132 Damit Willenserklärungen rechtliche Wirkung entfalten können, müssen sie auf irgendeine Weise in den Rechtsverkehr gelangen. Jede Art von Willenserklärung muss dazu vom Erklärenden zunächst einmal abgegeben werden. Darüber hinaus ist **je nach Fallgestaltung** zu unterscheiden: Handelt es sich um eine (in praxi seltene) nicht empfangsbedürftige Willenserklärung oder kommt es maßgeblich auch auf ihren Zugang beim Empfänger an? Ist der Empfänger an- oder abwesend? Handelt es schließlich um eine gegenständlich verkörperte oder nur um eine beispielsweise mündliche, nicht verkörperte Willenserklärung? Im konkreten Einzelfall ist jede einzelne Willenserklärung genau zu charakterisieren, um die Voraussetzungen für Abgabe und ggf. Zugang nach den folgenden Grundsätzen bestimmen zu können, denn gesetzliche Vorschriften sind rar.

I. Abgabe

133 Eine Willenserklärung ist regelmäßig abgegeben, wenn sich der Erklärende ihr so entäußert hat, dass sie ohne weiteres Zutun ihren Adressaten erreichen kann.

1. Nicht empfangsbedürftige Willenserklärung

134 Eine nicht empfangsbedürftige Willenserklärung, beispielsweise ein Testament, ist bereits mit der bloßen **willentlichen** Entäußerung abgegeben.

2. Empfangsbedürftige Willenserklärung

135 Empfangsbedürftige Willenserklärungen müssen **willentlich** in Richtung eines bestimmten Empfängers so auf den Weg gebracht werden, dass der Erklärende mit einer Kenntnisnahme des Empfängers **rechnen darf**.

136 **Fall 10**

Agathe möchte sich einen neuen Sandsack zulegen, da der Alte ihren fortgeschrittenen Angriffstechniken nicht mehr gewachsen war und das Zeitliche gesegnet hat. Sie hat deshalb bereits ein Bestellformular des Vongzong-Versands für Kampfsportzubehör ausgefüllt und auf ihren Schreibtisch gelegt. Dort findet es ihre WG-Genossin Kunigunde, die das Schreiben netterweise sofort abschickt. Postwendend verlangt der Vongzong-Versand den Kaufpreis für den Sandsack von Agathe.

Hat Agathe ein wirksames Angebot für den Kaufvertrag abgegeben? *Lösung Rn. 160*

Es ist des Weiteren danach zu trennen, ob der Empfänger anwesend ist oder nicht und ob es sich um eine verkörperte oder nicht verkörperte Willenserklärung handelt.

a) Unter Anwesenden

aa) Verkörperte Willenserklärung

Eine verkörperte Willenserklärung, beispielsweise in Form eines Briefs oder USB-Sticks, muss dem Empfänger willentlich **übergeben** werden. 137

bb) Nicht verkörperte Willenserklärung

Eine nicht verkörperte Willenserklärung, die üblicherweise nur mündlich mitgeteilt wird, muss für den Empfänger **akustisch verständlich** geäußert werden. 138

b) Unter Abwesenden

aa) Verkörperte Willenserklärung

Soll eine verkörperte Willenserklärung einen Abwesenden erreichen, muss das **Medium**, das die Willenserklärung enthält, willentlich in Richtung des Empfängers auf den Weg gebracht werden. 139

Alternativ kann ein **Bote** eingesetzt werden, d.h. eine Person, die keine eigene Willenserklärung abgibt (dann wäre sie ein Stellvertreter, vgl. § 164 Abs. 1 S. 1 BGB und siehe im Einzelnen Kapitel 10), sondern lediglich eine für sie fremde Willenserklärung weiterleitet. Wird die Person auf Seiten des Erklärenden tätig, bezeichnet man sie als **Erklärungsbote**, auf Seiten des Empfängers ist sie **Empfangsbote**. Das Risiko etwaiger Fehler trägt der jeweilige Verwender des Boten für seine eigene Sphäre. Deshalb ist in den betreffenden Fällen von entscheidender Bedeutung, welcher Sphäre man einen Boten zuordnet. Anhaltspunkte dafür lassen sich gewöhnlich allerdings nur aus der konkreten Fallgestaltung herleiten. 140

bb) Nicht verkörperte Willenserklärung

Nicht verkörperte Willenserklärungen an einen Abwesenden müssen per **Erklärungsboten** dem Adressaten übermittelt oder dessen **Empfangsboten** gegenüber geäußert werden. 141

II. Zugang

1. Nicht empfangsbedürftige Willenserklärung

Nicht empfangsbedürftige Willenserklärungen bilden eine Ausnahme, sie werden bereits **unmittelbar mit Abgabe** wirksam, es ist kein Zugang beim Empfänger erforderlich. 142

143 **Fall 11**

Diethelm pflastert die nähere Umgebung seiner Wohnung mit folgendem Zettel: „Hamster entlaufen! Wer Hannibal wohlbehalten zurückbringt, erhält eine Belohnung von € 100!". Ausgerechnet Agathe steht am nächsten Morgen mit dem putzmunteren Nager vor Diethelms Tür.

Muss er ihr den Finderlohn zahlen, obwohl Agathe die Zettel gar nicht gelesen hat?

Lösung Rn. 161

2. Empfangsbedürftige Willenserklärung

144 In der Regel genügt die bloße Abgabe einer Willenserklärung jedoch nicht, sondern sie muss dem Empfänger auch zugehen, um rechtliche Wirkung entfalten zu können (vgl. § 130 Abs. 1 S. 1 BGB). Wann und wie der Zugang erfolgt, hängt von der Art der jeweiligen Willenserklärung im Einzelfall ab.

a) Unter Anwesenden

aa) Verkörperte Willenserklärung

145 Eine verkörperte Willenserklärung ist zugegangen, wenn der Empfänger das **Erklärungsmittel selbst** erhält.

bb) Nicht verkörperte Willenserklärung

146 Eine nicht verkörperte Willenserklärung unter Anwesenden geht nach der Vernehmungstheorie zu, wenn sie **akustisch richtig** vom Empfänger vernommen wird. Auf ein inhaltlich korrektes Verständnis kommt es nicht an. Da freilich gerade hier das Risiko von Missverständnissen besonders hoch ist, muss sich der Erklärende in Zweifelsfällen beim Empfänger erkundigen, ob seine Erklärung richtig angekommen ist.

147 **Fall 12**

Nach seiner nicht enden wollenden Misere hat Diethelm genug von Tübingen, er will nur noch weg. Deshalb ruft er zunächst seinen Vermieter Carl an, um seine Wohnung zum 1.12. zu kündigen. Weil er dabei seinen Gefühlsaufwallungen freien Lauf lässt und ein wenig laut in den Hörer brüllt, versteht Carl jedoch als Kündigungsdatum „12.1.".

Muss Diethelm deshalb für Dezember noch Miete zahlen? *Lösung Rn. 162*

148 **Fall 13**

Da ihm der 12.1. zu spät ist, versucht es Diethelm im Dezember erneut. Carl hat sich beim Salzstreuen aber schwer erkältet, wodurch insbesondere sein rechtes Telefonier-Ohr in Mitleidenschaft gezogen worden ist, wovon Diethelm freilich nichts wissen konnte. Carl versteht nun „1.2." statt „2.1." als Kündigungstermin.

Muss Diethelm jetzt auch noch für Januar Miete zahlen? *Lösung Rn. 165*

b) Unter Abwesenden

149 Allein diese Konstellation wird explizit gesetzlich angesprochen, wenn auch nicht wirklich geregelt: Eine gegenüber einem Abwesenden abzugebende empfangsbedürftige

Willenserklärung wird in dem Zeitpunkt wirksam, in welchem sie ihm **zugeht** (§ 130 Abs. 1 S. 1 BGB). Was für diesen Zugang nötig ist, sagt das Gesetz allerdings nicht.

aa) Verkörperte Willenserklärung

Nach einhelliger Ansicht geht eine verkörperte Willenserklärung unter Abwesenden zu, wenn der Empfänger **objektiv** die **Möglichkeit** hat, von dem jeweiligen Erklärungsmittel **Kenntnis** zu nehmen, und damit unter **regelmäßigen Umständen** auch zu rechnen ist. **150**

Fall 14 **151**

Aus Erfahrung klug geworden, kündigt Diethelm seinen Garagenstellplatz schriftlich. Nach dem Mietvertrag ist dies immer spätestens bis zum 20. des Vormonats möglich. Wegen des fehlenden Joggings schnell außer Puste, erreicht Diethelm die Parkraumbewirtschaftungsfirma „Yapcoa Garagen GmbH & Co KG" erst am 20. Dezember gegen 20.00 Uhr und wirft sein Schreiben in den Geschäftsbriefkasten.

Ist Diethelm die Garage ab Januar los? *Lösung Rn. 166*

Fall 15 **152**

Auf dem Rückweg will Diethelm schließlich – ebenfalls schriftlich – seine Mitgliedschaft im Amateur-Boxverein „Wirklich K.O. Tübingen e.V." kündigen. Bei der Wohnung des Vorstands angekommen, trifft er aber nur die 12 Jahre alte Tochter Zelda an. Weil sie verspricht, den Brief weiterzugeben, händigt er ihr ihn aus. Sie hat dann aber doch keine Lust, und bastelt, sobald Diethelm um die nächste Ecke verschwunden ist, aus dem Schreiben eine leidlich flugtaugliche Schwalbe.

Hat Diethelm seine Mitgliedschaft wirksam gekündigt? *Lösung Rn. 168*

bb) Nicht verkörperte Willenserklärung

Mit dem **akustisch richtigen Verständnis** durch den Empfänger oder seinen Empfangsboten geht eine nicht verkörperte Willenserklärung unter Abwesenden zu. **153**

III. Ausnahmen

In besonderen Fällen können sich Abweichungen von den soeben dargestellten Grundsätzen ergeben. Bereits das Gesetz schreibt vor, dass ein spätestens gleichzeitig mit der Willenserklärung zugehender **Widerruf** verhindert, dass sie wirksam wird (§ 130 Abs. 1 S. 2 BGB). **154**

Der Zugang von Willenserklärungen, die gegenüber **beschränkt Geschäftsfähigen** abzugeben sind, folgt ebenfalls besonderen Regeln (vgl. § 131 BGB). **155**

Fall 16 **156**

Auch Carl hat genug. Er beschließt, nun die restlichen Mieter hinauszuwerfen. Unter anderem kündigt er dem erst 17 Jahre alten Elvis form- und fristgerecht. Der will davon aber nichts wissen, sondern droht nur mit „Ein paar auf die Mütze!". Seine Eltern wissen nichts von alledem.

Hat Carl ihm dennoch wirksam gekündigt? *Lösung Rn. 172*

157 **Fall 17**

Völlig unverdient erhält Elvis am nächsten Tag vom BretzelmannClub das supergünstige Angebot, für nur € 299 die neue „Deaf Metal Collection" zu erwerben. Er bestellt umgehend. Drei Tage später wird das Angebot vom Versand widerrufen.

Ist das Angebot dennoch wirksam? *Lösung Rn. 174*

158 Zahlreiche weitere Ausnahmen sind denkbar, die sich teilweise auch im Gesetz finden lassen oder der Praxis entstammen, wie beispielsweise sog. **Zugangsstörungen**, bei denen der Empfänger die Annahme der Willenserklärung mit oder ohne Grund verweigert.

159 **Fall 18**

Schließlich kündigt Carl auch der Agathe. Ohne dass Carl davon wusste, war sie allerdings im Urlaub, und findet das Schreiben erst bei ihrer Rückkehr im Briefkasten vor. Die Kündigungsfrist für Januar ist zu diesem Zeitpunkt freilich bereits abgelaufen. Einen Nachsendeantrag hatte Agathe nicht gestellt.
Muss sie ihre Wohnung schon im Januar räumen? *Lösung Rn. 176*

IV. Falllösungen

▶ Fall 10 ◀ *(Rn. 136, Abgabe einer Willenserklärung)*

160 Um ein wirksames Angebot zum Abschluss eines Kaufvertrags abzugeben, auf dessen Grundlage der Vongzong-Versand gem. § 433 Abs. 2 BGB von ihr den Kaufpreis verlangen könnte, hätte sich Agathe ihrer Willenserklärung **willentlich** entäußern müssen. Daran fehlt es hier, weil Agathe ihr Schreiben zwar vorbereitet, Kunigunde es aber ohne ihr Wissen abgesendet hat.

▶ Fall 11 ◀ *(Rn. 143, Nicht empfangsbedürftige Willenserklärung)*

161 Die Auslobung (Bindendes Versprechen, § 657 BGB), ist als seltener Fall einer **nicht empfangsbedürftigen** Willenserklärung bereits allein mit Abgabe wirksam. Diethelm muss leider zahlen, auf eine Kenntnis von Agathe kommt es nicht an.

▶ Fall 12 ◀ *(Rn. 147, Zugang einer nicht verkörperten Willenserklärung unter Anwesenden)*

162 Anspruchsgrundlage für die Zahlung der Miete ist § 535 Abs. 2 BGB; dass ursprünglich ein wirksamer Mietvertrag zwischen Carl und Diethelm bestanden hatte, ist nach dem Sachverhalt nicht in Zweifel zu ziehen.

163 Carls Zahlungsanspruch könnte aber untergegangen sein, wenn Diethelm wirksam gekündigt hätte (vgl. § 542 Abs. 1 BGB). Die Kündigung ist eine **empfangsbedürftige**

Willenserklärung, die nach der Vernehmungstheorie unter Anwesenden erst mit akustisch richtiger Wahrnehmung zugegangen ist (vgl. § 147 Abs. 1 S. 2 BGB). In Zweifelsfällen muss der Erklärende nachfragen, um sicherzugehen, dass seine Willenserklärung richtig angekommen ist. Hier ist es das eigene Risiko des „brüllenden" Diethelm, dass es zu einem Missverständnis kommt. Seine Willenserklärung mit dem Inhalt „1.12." ist daher dem Carl nicht zugegangen.

Hinzukommt freilich, dass ein bestehendes Mietverhältnis ohnehin nur **schriftlich** gekündigt werden kann (§ 568 Abs. 1 BGB). Diethelms Kündigung ist also auch **formnichtig** (§§ 125, 126 BGB). Der Mietvertrag besteht somit fort und Carl hat auch für Dezember einen Anspruch auf Zahlung der Miete. 164

▶ Fall 13 ◀ *(Rn. 148, Zugang einer nicht verkörperten Willenserklärung unter Anwesenden)*

Die Abweichung gegenüber **Fall 12** besteht darin, dass hier ein für den Erklärenden 165
Diethelm **unerkennbares Zugangshindernis** vorlag. Nach der eingeschränkten Vernehmungstheorie ist in einer solchen Situation aus Gründen des Verkehrsschutzes der Empfänger für ein richtiges Verständnis verantwortlich. Nur er kann den Sachverhalt aufklären oder selbst nachfragen, was er in Zweifelsfällen auch tun muss. Diethelms Willenserklärung mit dem Inhalt „2.1." geht Carl damit zu.

Wie in **Fall 12** ist die Kündigung aber auch hier **formnichtig**, Carl kann letztlich von Diethelm auch noch die Miete für Januar verlangen.

▶ Fall 14 ◀ *(Rn. 151, Zugang einer verkörperten Willenserklärung unter Abwesenden)*

Um fristgerecht zu kündigen, hätte Diethelms Schreiben der Yapcoa Garagen GmbH 166
& Co KG bis zum 20. Dezember zugehen müssen.

Der für die Wirksamkeit entscheidende Zugang einer verkörperten Willenserklärung unter Abwesenden (§ 130 Abs. 1 S. 1 BGB) erfolgt allerdings erst, wenn für den Empfänger die objektive Möglichkeit der Kenntnisnahme besteht und wenn mit dieser **unter gewöhnlichen Umständen zu rechnen** ist.

Dass eine nach Tagen bemessene Frist grundsätzlich erst um 24.00 Uhr abläuft (vgl. 167
§ 188 Abs. 1 BGB) spielt insofern keine Rolle, denn bei einem **Geschäftsbriefkasten** kann nicht davon ausgegangen werden, dass dieser abends nach 20.00 Uhr noch einmal geleert wird. Von einem Zugang ist hier daher erst am nächsten Tag (21. Dezember) kurz nach Geschäftsbeginn auszugehen, da dann wohl ein Mitarbeiter nach der Post schauen wird. Diethelm wird daher die Garagenmiete für Januar noch bezahlen müssen.

▶ **Fall 15** ◀ *(Rn. 152, Zugang über Empfangsboten)*

168 Die Erklärung zum Austritt aus einem **Verein** (vgl. § 39 Abs. 1 BGB) ist eine empfangsbedürftige Willenserklärung. Der Vorstand als gesetzlicher Vertreter des Vereins ist auch der richtige Empfänger (vgl. § 26 Abs. 2 S. 1 BGB). Diethelm übergibt seine Erklärung aber nicht dem Vorstand selbst, sondern nur dessen Tochter Zelda.

169 Sie ist rechtlich hier als **Botin** einzuordnen, weil sie keine eigene Willenserklärung abgeben, sondern nur eine fremde weiterleiten soll. Dass sie nur 12 Jahre alt und damit **beschränkt geschäftsfähig** ist, stellt kein Problem dar, weil beschränkt Geschäftsfähige sogar als Vertreter agieren können (§ 165 BGB). Denn obwohl Vertreter eben eine eigene Willenserklärung abgeben, trifft sie deren Wirkung freilich in der Regel nicht selbst (vgl. § 164 Abs. 1 S. 1 BGB). Erst recht muss eine Minderjährige daher zumindest prinzipiell Botin sein können.

170 Zu prüfen ist allerdings weiter, auf welcher Seite Zelda tätig wird, d.h. bei Diethelm (als Erklärungsbotin) oder ihrem Vater (als Empfangsbotin). Die Sphärenzuordnung ist in der Praxis häufig nicht einfach und regelmäßig nur nach den äußeren Umständen zu beurteilen. Indessen ist die Zuordnung von großer rechtlicher Bedeutung, da derjenige, der einen Boten einsetzt, dessen Sphäre er zuzurechnen ist, das Risiko von Missverständnissen etc. trägt. Für eine Stellung Zeldas als **Erklärungsbotin** Diethelms spricht zwar, dass er sie in dem Sinne „einsetzt", dass er mit seinem Austrittsschreiben den Anlass für ihr Tätigwerden gibt; andererseits gehört Zelda als Tochter zum Haushalt des Vereinsvorstands, hält sich dort auch räumlich auf und hätte die Entgegennahme des Briefs ablehnen müssen, statt sein Weiterleiten zu versprechen. All dies deutet auf ihre Einordnung als **Empfangsbotin** hin.

171 Schließlich sind Familienangehörige nach der Verkehrsanschauung grundsätzlich zur Übermittlung einer zumal verkörperten Willenserklärung **geeignet**, Zelda kann somit als Empfangsbotin agieren. Die 12-jährige Zelda ist auch konkret nicht als überfordert anzusehen, den Brief weiterzuleiten, es ist daher von einem Zugang beim Vorstand auszugehen.

Anders wäre der Fall zu beurteilen beispielsweise bei einer umfangreichen mündlichen Erklärung, einem nur 5-jährigen Kind oder wenn der Vorstand seiner Tochter explizit die Annahme von Post verboten hätte, worüber der Sachverhalt aber nichts aussagt.

▶ **Fall 16** ◀ *(Rn. 156, Minderjähriger Empfänger)*

172 Im Unterschied zu den bisherigen Fällen ist Elvis als Adressat der Willenserklärung noch nicht voll geschäftsfähig (§ 106 BGB).

173 Die Kündigung als empfangsbedürftige Willenserklärung muss daher zunächst bei seinen **gesetzlichen Vertretern**, seinen Eltern, eingehen (§§ 131 Abs. 1, Abs. 2 S. 1 BGB).

Eine **Ausnahme** in Form einer konkludenten Einwilligung (vorherige Zustimmung, vgl. §§ 182, 183 BGB) seitens der Eltern (vgl. § 131 Abs. 2 S. 2 2.Alt. BGB) liegt hier nicht vor, da die Eltern „nichts von alldem wissen" und nicht unterstellt werden kann, dass ihnen generell gleichgültig ist, ob ihr Sohn möglicherweise aus einer Laune heraus seine Wohnung verliert. Carls Kündigung ist somit (noch) **nicht** wirksam

▶ Fall 17 ◀ *(Rn. 157, Minderjähriger Empfänger einer vorteilhaften Willenserklärung)*

Anders als in **Fall 16** bietet das Angebot des BretzelmannClubs für sich genommen Elvis lediglich die Möglichkeit, einen Kaufvertrag über die „Deaf Metal Collection" abzuschließen. Es ist für Elvis **nicht nachteilhaft**, und wird daher bereits mit dem Zugang bei ihm wirksam (§ 131 Abs. 2 S. 2 1.Alt. BGB). Der Widerruf durch den BretzelmannClub erfolgt zu spät (§ 130 Abs. 1 S. 2 BGB). **174**

Davon unabhängig ist zu beurteilen, ob Elvis das Angebot auch **annehmen** könnte, weil er sich damit im Rahmen des Kaufvertrags auch verpflichten würde, den verlangten Kaufpreis zu zahlen (§ 433 Abs. 2 BGB). Dort kommt es dann im Einzelnen auf die Geschäftsfähigkeit von Elvis an (vgl. §§ 104 ff. BGB, dazu Kapitel 6). **175**

▶ Fall 18 ◀ *(Rn. 159, Unbekanntes Zugangshindernis)*

Zwar ist eine verkörpert empfangsbedürftige Willenserklärung grundsätzlich zugegangen, wenn sie so in den Machtbereich des Empfängers gelangt ist, dass dieser unter regelmäßigen Umständen davon Kenntnis nehmen könnte. Der Einwurf in den Briefkasten genügt dafür eigentlich (s.o. **Fall 14**). **176**

Allerdings konnte Agathe hier aufgrund ihres Urlaubs nicht vor ihrer Rückkehr tatsächlich Kenntnis nehmen. In dieser Fallkonstellation ist daher zu prüfen, in **wessen Risikosphäre** das **Zugangshindernis** fällt, was letztlich auf eine Einzelfallentscheidung hinausläuft, bei der die Argumente aus dem Sachverhalt gegeneinander abzuwägen sind. **177**

Einerseits wusste Carl nichts von Agathes urlaubsbedingten Abwesenheit, auch hatte sie keinen Nachsendeantrag gestellt. Andererseits enthält der Sachverhalt keine Anhaltspunkte dafür, dass Agathe überhaupt mit einer Kündigung rechnen musste oder dass Carl irgendwelche weiteren Anstrengungen unternommen hat, Agathe rechtzeitig zu informieren. Hält man die Versäumnisse auf Agathes Seite für schwerwiegender, lässt sich ein rechtzeitiger Zugang fingieren (vgl. § 242 BGB, im Einzelnen sehr umstritten, siehe beispielsweise BAG NJW 1993, 1093).

Kapitel 5

Vertragsschluss

Übersicht

I. Begriff 178
Zwei übereinstimmende Willenserklärungen, Angebot und Annahme

II. Angebot
Inhaltlich genau bestimmte, auf den Abschluss eines Vertrages gerichtete empfangsbedürftige Willenserklärung

III. Annahme
Vorbehaltloses und uneingeschränktes Einverständnis mit dem Inhalt des Angebots

IV. Dissens
Uneinigkeit der Parteien über Einzelheiten des beabsichtigten Vertrags

V. Abgrenzung: Schuld- und sachenrechtliche Verträge

1. Verpflichtungsgeschäft
   Begründung von Pflichten nur zwischen den Beteiligten
2. Verfügungsgeschäft
   Unmittelbare Einwirkung auf ein bestehendes Recht
3. Trennungs- und Abstraktionsprinzip
   Rechtliche Unabhängigkeit von Verpflichtungs- und Verfügungsgeschäft

VI. Falllösungen

Vertiefende Literatur

Boecken, S. 119 ff., S. 170 ff.; *Bork*, S. 254 ff.; *Brehm*, S. 99 ff., S. 291 ff.; *Brox/Walker*, S. 51 ff., S. 81 ff.; *Faust*, S. 47 ff., S. 62 ff.; *Köhler*, S. 96 ff.; *Larenz/Wolf*, S. 549 ff.; *Leipold*, S. 179 ff.; *Medicus*, S. 82 ff., S. 145 ff., S. 178 ff.; *Musielak*, S. 43 ff.; *Pawlowski*, S. 170 ff., S. 230 ff.; *Rüthers/Stadler*, S. 196 ff.; *Schapp/Schur*, S. 178 ff.; *Schwab/Löhnig*, S. 191 ff., S. 240 ff.; *Wörlen/Metzler-Müller*, S. 136 ff., S. 161 ff. 179

Grundlegende Rechtsprechung

- Enge Auslegung von Freizeichnungsklauseln („Preise freibleibend") – *RGZ 103, 414* 180
- Wirksamkeit eines Rechtsgeschäfts bei teilweiser Unwirksamkeit von Abmachungen – *BGH NJW 1966, 1747*
- Privatautonomie nur im Rahmen der Gesetze und Grundrechte (entschädigungsloses Wettbewerbsverbot als Eingriff in Art. 12 GG) – *BVerfG NJW 1990, 1469*
- Zeitraum und Betätigung des Annahmewillens gem. § 151 BGB – *BGH NJW 1999, 2179*
- Kein wirksamer Kaufvertrag mangels Einigung über den Preis – *BGH NJW-RR 2006, 1139*

I. Begriff

181 Ein Vertrag kommt zustande durch **zwei übereinstimmende Willenserklärungen**, Angebot und Annahme. Inhaltlich müssen dabei zumindest die so genannten **essentialia negotii** festgelegt werden, die je nach Vertragstyp unverzichtbaren Bestandteile.

Beispiel: Bei einem Kaufvertrag (§ 433 BGB) müssen die Vertragsparteien, der Vertragsgegenstand und der Kaufpreis eindeutig bestimmbar sein.

II. Angebot

182 Ein **Angebot (= Antrag)** ist eine auf den Abschluss eines Vertrages gerichtete empfangsbedürftige Willenserklärung, die so genau bestimmt ist, dass der Empfänger mit einem bloßen „Ja" den Vertragsschluss herbeiführen kann.

183 Grundsätzlich **bindet** das Angebot den Antragenden (§ 145 BGB), es kann mit Rücksicht auf den Empfänger nicht einfach einseitig widerrufen werden.

184 Fehlt von vornherein der Wille, sich rechtlich zu binden, liegt dagegen lediglich eine unverbindliche so genannte **invitatio ad offerendum** vor. Dabei handelt es sich um eine Aufforderung an den Empfänger, nun seinerseits ein Angebot abzugeben.

185 **Fall 19**

Diethelm möchte in seiner neuen Wohnung mit Hannibal einen Kleintierzoo aufbauen. Als er beim Blättern im Katalog des Mümmelmeier-Versands für ambitionierte Kleintierzüchter eine seltene „Quergestreifte Wüstenspringmaus" für nur € 150 entdeckt, bestellt er umgehend. Kurz darauf erhält er ein Schreiben des Mümmelmeier-Versands: „Leider schon verkauft." (Tatsächlich aber war die Maus zu billig inseriert worden und sollte eigentlich € 1500 kosten.). Diethelm besteht auf Lieferung, er will die Maus.

Hat Diethelm einen Anspruch auf Übereignung der Maus? *Lösung Rn. 211*

186 **Fall 20**

Carl, der mittlerweile zum Spirituosen-Experten avanciert ist, entdeckt im Supermarkt den Sekt der Marke „Henkel staubtrocken" zum einmaligen Sonderpreis von € 5 pro Flasche. Flugs belädt er drei Einkaufswagen mit insgesamt ca. 90 Flaschen. Unter gewissen Schwierigkeiten an der Kasse angekommen, weigert sich der Marktleiter, Carl die ganze Wagenladung zu überlassen: „Da bleibt ja nichts mehr für die anderen Kunden!".

Hat Carl einen Anspruch auf Übereignung der 90 Flaschen? *Lösung Rn. 213*

III. Annahme

187 Die **Annahme** ist ebenfalls eine empfangsbedürftige Willenserklärung, mit welcher der Empfänger sein **vorbehaltloses** und **uneingeschränktes** Einverständnis mit dem Inhalt des Angebots anzeigt.

188 Um den Erklärenden nicht allzu lange im Unklaren zu lassen, muss der Empfänger das Angebot – auch ohne besondere Vereinbarung einer Frist (vgl. § 148 BGB) – **innerhalb**

eines bestimmten Zeitraums annehmen, sonst erlischt es (§ 146 BGB): Unter Anwesenden kann ein Angebot nur **sofort** angenommen werden (§ 147 Abs. 1 BGB), unter Abwesenden darf der Empfänger zumindest so lange warten, wie es dem Erklärenden angesichts der konkreten Fallkonstellation **zugemutet** werden kann (§ 147 Abs. 2 BGB). Die Zeitspanne bemisst sich aus einer gewissen Dauer des Zusendens des Angebots und der Annahme, vor allem aber aus einer Bedenkzeit für den Empfänger des Angebots. Was für diese angemessen ist, bleibt eine **Wertungsfrage**, die nur im Einzelfall beantwortet werden kann, weshalb die vorhandene Rechtsprechung entsprechend kasuistisch ist. Ein wichtiger Anhaltspunkt ist der Umfang des Geschäfts, da bei bedeutsameren Transaktionen auch längeres Überlegen angebracht ist.

Wird das Angebot **verspätet** angenommen, gilt dies als **neues** Angebot (§ 150 Abs. 1 BGB), da das alte bereits erloschen ist und nicht mehr angenommen werden kann. **189**

Fall 21 **190**

Ein Angestellter des Mümmelmeier-Versands bietet Diethelm telefonisch einen äußerst seltenen „Gefleckten Plattschwanz-Wombat" für € 5000 an. Wegen des hohen Preises kann sich Diethelm nicht sofort zum Kauf entschließen. Der Mitarbeiter ist aber damit einverstanden, dass er sich den Kauf noch bis zum Geschäftsschluss um 18.30 h überlegt. Völlig damit beschäftigt, Hannibal neue Kunststücke beizubringen, vergisst Diethelm, sich rechtzeitig zu melden und ruft bei Mümmelmeier erst am nächsten Morgen zurück, um mitzuteilen, dass er den Wombat gerne hätte. Sein Ansinnen wird jedoch abgelehnt, da man mittlerweile bereits einen anderen Interessenten hätte. Zerknirscht verbringt Diethelm den Tag, bis abends plötzlich das Telefon klingelt und ihm der Mümmelmeier-Angestellte mitteilt, der andere Interessent sei abgesprungen, Diethelm könne den Wombat nun doch haben. Er hat allerdings inzwischen jegliche Lust auf australische Pelznager verloren und legt daher wortlos wieder auf.

Kann Mümmelmeier von Diethelm Bezahlung des Wombats (im Gegenzug für dessen Lieferung) verlangen?

Lösung Rn. 217

Wird ein Angebot nur in abgeänderter Form angenommen, gilt dieses Angebot als **abgelehnt** und die „abändernde Annahme" zugleich als **neues** Angebot (§ 150 Abs. 2 BGB). **191**

In Ausnahmefällen kommt es auf den **Zugang der Annahmeerklärung** beim Empfänger (dem ursprünglich Anbietenden) nicht an (§ 151 S. 1 BGB). Dies ist etwa dann der Fall, wenn sich gewisse Gewohnheiten etabliert haben, die allen Beteiligten ihre Geschäftstätigkeit erleichtern. **192**

Beispiel: Für den Abschluss einer Herstellergarantie für eventuelle Sachmängel eines Hometrainers genügt das Ausfüllen der mitgelieferten Garantiekarte durch den Kunden.

Nicht verzichtet werden kann allerdings auf die **Erklärung der Annahme selbst**, d.h. für einen objektiven Dritten muss sich aus dem Verhalten des Angebotsempfängers immer noch ergeben, dass er das Angebot tatsächlich annimmt. **193**

194 **Fall 22**

Agathe ist zwar nicht Mitglied des BretzelmannClubs, sie hat allerdings schon häufiger Waren aus dem Versandkatalog bestellt, so dass ihr regelmäßig besonders interessante Produkte unaufgefordert zugeschickt werden, die sie bei Nichtgefallen umgehend zurücksendet. Das neueste Angebot ist die „Multiuniversal-Küchenmaschine Susi 2000 electronic". Mit Begeisterung verarbeitet Agathe kiloweise Frischgemüse zu feinstem Brei. Nach einer Woche hat sie aber genug und schickt das immer noch neuwertige Gerät gründlich gesäubert zurück. Der BretzelmannClub verlangt Abnahme und Bezahlung.

Zu Recht?

Abwandlung: Ändert sich etwas, wenn Agathe selbst einen schwunghaften Handel betreibt und die Waren üblicherweise gewinnbringend weiterverkauft? *Lösung Rn. 219*

IV. Dissens

195 Sind sich die Parteien bereits über die essentialia negotii nicht einig, liegt ein (im Gesetz nicht geregelter) **Totaldissens** vor, und ein wirksamer Vertrag kommt gar nicht erst zustande.

196 Haben sich die Parteien über sonstige Einzelheiten eines Vertrags nicht geeinigt, wissen jedoch davon, liegt ein **offener Einigungsmangel** vor. Lassen sich keine anderweitigen Anhaltspunkte finden, kommt auch in diesem Fall kein Vertrag zustande (§ 154 Abs. 1 S. 1 BGB).

197 Glauben die Parteien in diesem Fall indessen, sie hätten sich über alles geeinigt, handelt es sich um einen **versteckten Einigungsmangel**. Regelmäßig kommt auch dann kein Vertrag zustande. Nur dann, wenn nach den mutmaßlichen Parteiwillen anzunehmen ist, dass der Vertrag auch ohne das fehlende Detail abgeschlossen worden wäre, gilt der Vertrag mit dem tatsächlich vereinbarten Inhalt als wirksam (§ 155 BGB).

198 Nicht zu vergessen ist allerdings, dass die **Auslegung** der betroffenen Willenserklärungen gegenüber einem Dissens **vorrangig** ist. Nur wenn nach der Auslegung immer noch ein Einigungsmangel besteht, ist demnach an Dissens zu denken.

199 **Fall 23**

Nach ihren unerfreulichen Erfahrungen mit Carls Taxifahrkünsten sucht Kunigunde nach Alternativen zur bodengebundenen Personenbeförderung. Schon bald verhandelt sie mit der Xantas Airlines AG über den Abschluss eines Mietvertrages über ein gebrauchtes Kleinflugzeug. Die Airline verlangt unter anderem eine Mietkaution, über deren Höhe jedoch zunächst keine Einigung erzielt wird, weswegen man diesen Punkt zurückstellt. Später erhält Kunigunde ein schriftliches Vertragsformular, das beide Seiten unterzeichnen, weil sie glauben, an alles gedacht zu haben. Eine Kautionsregelung ist darin nicht enthalten. Kurz bevor jedoch das Flugzeug übergeben wird, kommen der Airline Zweifel an der Flugtauglichkeit von Kunigunde (als Pilotin), und sie verweigert unter Hinweis auf die fehlende Regelung der Kaution die Überlassung des Flugzeugs.

Kann Kunigunde, die immerhin einen Pilotenschein besitzt, von Xantas die Übergabe des Flugzeugs verlangen? *Lösung Rn. 225*

V. Abgrenzung: Schuld- und sachenrechtliche Verträge

Im Hinblick auf ihre gänzlich unterschiedlichen Rechtswirkungen, die insbesondere bei der Rückabwicklung gescheiterter Vertragsabschlüsse klausurpraktisch werden können, ist bereits an dieser Stelle zwischen schuld- und sachenrechtlichen Verträgen zu differenzieren. **200**

1. Verpflichtungsgeschäft

Das BGB enthält eine Vielzahl von Vertragstypen, die sich inhaltlich teilweise erheblich voneinander unterscheiden. Die meisten Vertragstypen sind im Besonderen Schuldrecht geregelt, beispielsweise der Kaufvertrag (§ 433 BGB), der Mietvertrag (§ 535 BGB) oder der Werkvertrag (§ 631 BGB). Der dort enthaltene Katalog ist allerdings nicht abschließend, im Schuldrecht herrscht **Vertragstypenfreiheit**, es können auch gesetzlich nicht geregelte Verträge abgeschlossen werden, sofern sie sich im allgemein zulässigen Rahmen halten. Mittlerweile existieren zahlreiche weitere Vertragstypen, an die beim Inkrafttreten des BGB noch nicht gedacht werden konnte, die heutzutage im Wirtschaftsleben aber kaum mehr wegzudenken sind, so beispielsweise Consulting-, Leasing-, oder Sponsoringverträge. **201**

Schuldrechtliche (bedeutungsgleich: „obligatorische“) Verträge werden mit Rücksicht auf ihre maßgebliche Rechtswirkung auch als **Verpflichtungsgeschäfte** bezeichnet. Ein Verpflichtungsgeschäft ist ein Rechtsgeschäft, das für den Verpflichteten eine Leistungspflicht gegenüber der anderen Partei begründet. Die Leistung kann in einem Handeln, Dulden oder Unterlassen bestehen. **202**

Beispiel

Ein Kaufvertrag verpflichtet den Verkäufer gegenüber dem Käufer, diesem Eigentum und Besitz an der Kaufsache zu verschaffen (§ 433 Abs. 1 S. 1 BGB). Ein Mietvertrag verpflichtet den Vermieter gegenüber dem Mieter, diesem während der Mietzeit die Mietsache zum Gebrauch zu überlassen (§ 535 Abs. 1 S. 1 BGB).

Ein Verpflichtungsgeschäft wirkt prinzipiell nur zwischen den beteiligten Parteien und begründet daher lediglich ein **relatives** Recht. Weder werden dadurch Unbeteiligte gebunden, noch beeinflusst ein Verpflichtungsgeschäft in irgendeiner Weise bestehende absolute Rechtspositionen wie beispielsweise das Eigentum einer Person. Eine Verpflichtung hat mit anderen Worten keine Auswirkung auf das rechtliche Können, sondern bestimmt nur das rechtliche **Dürfen**. **203**

Beispiel

Ein und dieselbe Armbanduhr lässt sich problemlos an 20 verschiedene Personen verkaufen (§ 433 BGB), weil auf diese Weise nur Verpflichtungen des Verkäufers gegenüber den einzelnen Käufern begründet werden und sich an der rechtlichen Zuordnung der Uhr nichts ändert. Insbesondere wird allein durch den Abschluss eines Kaufvertrags nicht das Eigentum an der Uhr vom Verkäufer auf den jeweiligen Käufer übertragen. Freilich macht sich der Verkäufer möglicherweise gegenüber 19 Personen schadensersatzpflichtig (vgl. § 280 Abs. 1 BGB), weil er seine Pflicht zur Übereignung aus § 433 Abs. 1 S. 1 BGB nur einer Person gegenüber erfüllen kann (§ 929 S. 1 BGB). Tatsächlich existiert die Uhr als Sache ja nur ein einziges Mal, Eigentümer kann immer nur eine Person sein (vgl. § 903 S. 1 BGB), alle anderen gehen insofern leer aus.

2. Verfügungsgeschäft

204 Sachenrechtliche (gleichbedeutend: „dingliche") Verträge begründen keine Verpflichtungen, sondern wirken unmittelbar auf ein Recht ein. Durch solch ein auch als **Verfügungsgeschäft** bezeichnetes Rechtsgeschäft wird ein Recht übertragen, belastet, aufgehoben oder in seinem Inhalt modifiziert. Anders als ein Verpflichtungsgeschäft ändert ein Verfügungsgeschäft die bestehende Rechtslage gegenüber jedermann, es wirkt **absolut**.

Beispiel

Sind sich Eigentümer und Erwerber einer beweglichen Sache über den Eigentümerwechsel einig (dinglicher Vertrag), genügt die Übergabe der Sache (Besitzverschaffung) an den Erwerber, um diesen jedermann gegenüber zum neuen und einzigen Eigentümer der Sache zu machen (§ 929 S. 1 BGB). Ebenso kann eine Forderung (= Anspruch) von deren Gläubiger mittels eines Abtretungsvertrags auf einen Erwerber übertragen werden, der dadurch als neuer Berechtigter an die Stelle des bisherigen Gläubigers tritt (§ 398 BGB).

205 Aus den beispielhaft dargestellten Vorschriften wird auch deutlich, dass der Verfügende eine Berechtigung „an der Sache" haben muss. Die so genannte **Verfügungsbefugnis** (auch „vermögensrechtliche Zuordnung") beruht auf dem rechtlichen **Können** der betreffenden Person und „wandert" bei einer wirksamen Übertragung mit der Sache oder der Forderung mit.

Beispiel

In den vorgenannten Beispielen konnte nur der jeweils Berechtigte die betreffende Verfügung vornehmen, d.h. der Eigentümer (§ 929 S. 1 BGB) oder der Gläubiger (§ 398 S. 1 BGB). Mit der wirksamen Verfügung wiederum wechselt die Befugnis für weitere Verfügungen auf den jeweiligen Erwerber (ganz deutlich § 398 S. 2 BGB). Der Erwerb vom Nichtberechtigten ist bei beweglichen Sachen nur unter besonderen Voraussetzungen (vgl. §§ 932 ff. BGB), bei Forderungen gar nicht möglich.

206 Da Verfügungsgeschäfte häufig Verpflichtungsgeschäften nachfolgen, indem sie die dazu dienen, die dort begründete Pflicht eines Beteiligten zu erfüllen, werden sie auch als **Erfüllungsgeschäfte** bezeichnet.

Beispiel: Seine Pflicht zur Übereignung der Kaufsache aus § 433 Abs. 1 S. 1 BGB erfüllt der Verkäufer eben durch Übereignung gem. § 929 S. 1 BGB.

3. Trennungs- und Abstraktionsprinzip

207 Aufgrund ihrer unterschiedlichen Rechtswirkungen sind Verpflichtungs- und Verfügungsgeschäft grundsätzlich rechtlich getrennt zu behandeln (**Trennungsprinzip**). Was sich rein äußerlich insbesondere wegen der Gleichzeitigkeit der einzelnen Rechtshandlungen als einheitliches Geschäft darstellen mag, zerfällt bei näherer Betrachtung in mehrere rechtlich selbständige Akte, die einzeln auf ihre Wirksamkeit überprüft werden müssen.

Beispiel

Der wirtschaftlich betrachtet einfache Erwerb eines Tischstaubsaugers in einem Elektrofachhandel entpuppt sich bei genauerem Hinsehen als Nebeneinander eines Verpflichtungs- und zweier Verfügungsgeschäfte. Zunächst schließen die Parteien einen Kaufvertrag ab (§ 433 BGB). In Erfüllung seiner Pflicht aus § 433 Abs. 1 S. 1 BGB übereignet sodann der Verkäufer dem Käufer den Staubsauger, während der Käufer seine Pflicht zur Zahlung des Kaufpreises aus § 433 Abs. 2 BGB durch die Übereignung des entsprechenden Geldbetrags an den Verkäufer erfüllt.

Im deutschen Zivilrecht gilt zudem das so genannte **Abstraktionsprinzip**, d.h. Verpflichtungs- und Verfügungsgeschäfte sind nicht nur separat zu prüfen, sondern auch in ihrem rechtlichen Bestand voneinander völlig **unabhängig** (= abstrakt). Praktisch bedeutet dies, dass ein Verfügungsgeschäft nicht zwangsläufig unwirksam sein muss, nur weil das zugrundeliegende Verpflichtungsgeschäft unwirksam ist. Umgekehrt kann trotz eines wirksamen Verpflichtungsgeschäfts das parallele Verfügungsgeschäft dennoch unwirksam sein. 208

Beispiel Ein beschränkt Geschäftsfähiger kann sich zwar nicht ohne weiteres wirksam mit einem Kaufvertrag verpflichten, aber dennoch Eigentümer des vermeintlich gekauften Mopeds werden, weil der Eigentumserwerb als dinglicher Vertrag für ihn nur vorteilhaft ist (vgl. §§ 106, 107 BGB; eingehend dazu Kapitel 6, Rn. 238 ff.). Andererseits kann auch ein Dieb ein gestohlenes Gemälde (zumindest rechtlich) problemlos verkaufen, weil es beim Kaufvertrag als Verpflichtungsgeschäft nicht auf die Eigentümerstellung ankommt. Sein „Kunde" wird allerdings kaum Eigentum an dem Bild erwerben können (vgl. §§ 932 Abs. 1 S. 1, 935 Abs. 1 S. 1 BGB).

In der Klausurpraxis spielt in diesem Zusammenhang insbesondere die **Rückabwicklung** aufgrund von Mängeln der Verpflichtungs-, Verfügungs- oder beider Geschäfte eine große Rolle. Die rechtliche Vorgehensweise einschließlich der jeweils einschlägigen Anspruchsgrundlage hängt maßgeblich davon ab, in welchem Stadium sich das zu prüfende Geschäft befindet und welche Rechtsposition die einzelnen Beteiligten dort innehaben. 209

Beispiel Ist der Verkäufer noch Eigentümer der Kaufsache, kann er sich bei der Rückabwicklung eines gescheiterten Kaufvertrags an die vergleichsweise starke Anspruchsgrundlage in § 985 BGB halten (Besitzherausgabeanspruch des Eigentümers). Ist dagegen das Eigentum an der Kaufsache bereits auf den Käufer übergegangen, bleibt ihm nur eine schwächere bereicherungsrechtliche Klage gem. § 812 Abs. 1 S. 1 1. Alt. BGB (Herausgabeanspruch aufgrund rechtsgrundloser Leistung).

Durchbrechungen des Abstraktionsprinzips sind sehr selten und im Einzelnen meist sehr umstritten. Vergleichsweise anerkannt ist die Fallgruppe der so genannten **Fehleridentität**, wo ein und derselbe Mangel sowohl das Verpflichtungs- als auch das Verfügungsgeschäft betrifft oder im Sinne der **Gesamtbetrachtungslehre** beide Geschäfte einheitlich behandelt werden müssen, um unvertretbare rechtliche Ergebnisse zu vermeiden. Ausnahmsweise können Verpflichtungs- und Verfügungsgeschäft von den Parteien nur als **Geschäftseinheit** gewollt sein, ebenso wie sie ohne weiteres ein wirksames Verpflichtungsgeschäft vertraglich zur **Bedingung** (§ 158 Abs. 1 BGB) eines darauf aufbauenden Verfügungsgeschäfts machen können. Die Regel bleibt aber die rechtliche Unabhängigkeit beider Geschäfte, die genannten Fallgruppen dürfen daher nur geprüft und erst recht nur bejaht werden, wenn der zu bearbeitende Sachverhalt eindeutige Anhaltspunkte dafür enthält. 210

VI. Falllösungen

▶ Fall 19 ◀ *(Rn. 185, invitatio ad offerendum)*

211 Diethelm könnte einen Anspruch gegen den Mümmelmeier-Versand auf Übereignung der Wüstenspringmaus aus § 433 Abs. 1 S. 1 BGB haben. Voraussetzung dafür ist das Vorliegen eines wirksamen Kaufvertrags aus zwei übereinstimmenden Willenserklärungen, Angebot und Annahme.

212 Der Katalog ist allerdings noch kein Angebot, sondern eine bloße **invitatio ad offerendum** (ganz h.M.). Indem der Versand einen Katalog an eine große Zahl potentieller Kunden zusendet, will er sich rechtlich noch nicht binden. Es ist zu diesem Zeitpunkt noch gar nicht absehbar, wer sich für welches Produkt in welcher Menge interessieren könnte. Der Versand würde sich völlig unnötig vorzeitig festlegen und gegebenenfalls sogar schadensersatzpflichtig machen, wenn er bei seltenen Exemplaren den Bedarf nicht befriedigen kann.

Ein Angebot geht hier deshalb erst von Diethelm aus, der gerne die Maus erwerben möchte. Dem Versand steht es frei, dieses Angebot anzunehmen oder abzulehnen, denn prinzipiell besteht Vertragsabschlussfreiheit und kein Kontrahierungszwang. Aus welchen Gründen er dies tut (ausverkaufte Ware oder Irrtum über den Preis), spielt dabei keine Rolle, es gibt keine Rechtfertigungspflicht für geschäftliche Handlungen.

▶ Fall 20 ◀ *(Rn. 186, invitatio ad offerendum)*

213 Der Einstieg ist derselbe wie in **Fall 19**: Carl könnte einen Anspruch gegen den Supermarkt auf Übereignung der 90 Flaschen Sekt aus § 433 Abs. 1 S. 1 BGB haben. Voraussetzung dafür ist das Vorliegen eines wirksamen Kaufvertrags aus zwei übereinstimmenden Willenserklärungen, Angebot und Annahme. In diesem Fall ist jedoch schwieriger festzustellen, worin genau das Angebot zu sehen ist:

▷ *Ist bei einer Fallprüfung zweifelhaft, wann sich ein bestimmter rechtlicher Vorgang abgespielt hat – hier das Kaufvertrags-Angebot, in einem anderen Fall beispielsweise auch der Eigentums-Übergang (vgl. § 929 BGB) – bietet es sich an, innerhalb des jeweiligen Sachverhalts „historisch" mit dem ersten Zeitpunkt zu beginnen, an dem sich das fragliche Ereignis eingestellt haben könnte. Auf diese Weise behält man den Überblick und verringert die Gefahr, für die Lösung wesentliche Umstände zu übersehen.*

1. Einstellen der Sektflaschen ins Regal durch den Supermarkt (–)

214 Es könnte zunächst vom Supermarkt ausgegangen sein, indem man die Sektflaschen als „Sonderangebot" ins Regal gestellt hat. Ob darin ein Angebot oder lediglich eine invitatio ad offerendum zu sehen ist, bemisst sich nach dem objektiven Erklärungswert dieser Handlung, der durch Auslegung zu ermitteln ist. Gegen einen **Rechtsbindungswillen** bereits zum Zeitpunkt des Einstellens der Flaschen spricht hier, dass sich der

Supermarkt seiner Dispositionsmöglichkeit über die Ware begeben würde, weil es dann allein den Kunden als Annehmende überlassen bliebe, wer in welcher Menge „zuschlagen" kann. Gerade mit Blick auf den Charakter als „Sonderangebot" ist zudem anzunehmen, dass der Supermarkt für eine gewisse Dauer dessen insgesamt absatzfördernde Wirkung aufrechterhalten möchte (im Ganzen nicht unumstritten).

2. Einladen der Sektflaschen in den Einkaufswagen durch Carl (–)

Als chronologisch nächste Möglichkeit kommt das Einladen der Sektflaschen in den Einkaufswagen durch Carl als Angebot – nun von seiner Seite – in Betracht. Allerdings ist es nicht selten, dass sich Kunden vor dem Gang zur Kasse noch umentscheiden, Waren wieder weglegen oder austauschen. Ein rechtlich bindender Wille, die im Einkaufswagen liegenden Waren tatsächlich erwerben zu wollen, wird sich daher während des „Bummelns" im Laden noch nicht endgültig gebildet haben. **215**

3. Aufladen der Sektflaschen auf das Band an der Kasse durch Carl (+)

Erst durch das Aufladen der Sektflaschen auf das Band an der Kasse macht Carl dem Supermarkt aus verobjektivierter Sicht eindeutig ein bindendes Angebot, die vorgelegten Waren erwerben zu wollen. **216**

Der Supermarkt, vertreten durch den Geschäftsführer, kann das Angebot eines Kunden ablehnen, was er hier auch tut. Ein wirksamer Kaufvertrag kommt hier deshalb nicht zustande, Carl kann die Übereignung der 90 Sektflaschen nicht verlangen. Dass er allerdings noch nicht einmal eine „haushaltsübliche Menge" mitnehmen darf – so eine in der Praxis häufig anzutreffende Formulierung –, ist freilich kaum zu unterstellen, war hier aber nicht zu prüfen.

▷ *Da die Frage nach dem Angebot in der vorstehenden Fallkonstellation durchaus kontrovers beurteilt wird, ist bei entsprechender Argumentation auch ein anderes Ergebnis vertretbar.*

▶ Fall 21 ◀ *(Rn. 190, Rechtzeitige Annahme)*

Der Mümmelmeier-Versand könnte einen Anspruch gegen Diethelm auf Bezahlung und Abnahme des Wombats aus § 433 Abs. 2 BGB haben. Voraussetzung dafür ist das Vorliegen eines wirksamen Kaufvertrags aus zwei übereinstimmenden Willenserklärungen, Angebot und Annahme. **217**

Das Angebot geht hier vom Mitarbeiter des Mümmelmeier-Versands aus. Diethelm hätte dies eigentlich nur sofort annehmen können (§ 147 Abs. 1 S. 1 BGB), da ein Angebot per Telefon genauso wie ein Angebot unter Anwesenden behandelt wird (§ 147 Abs. 1 S. 2 BGB). Mümmelmeier hatte ihm allerdings eine **Frist** bis 18.30 h gesetzt, so dass Diethelm bis dahin das Angebot noch wirksam hätte annehmen können (§ 148 BGB). Er versäumt dies allerdings und meldet sich erst am nächsten Morgen zurück. Zu diesem Zeitpunkt (genauer: bereits am Vorabend um 18.30 h) ist das Angebot Mümmelmeiers bereits erloschen (§§ 146, 148 BGB). Diethelms Anruf selbst ist als neues Angebot zu werten (§ 150 Abs. 1 BGB), welches Mümmelmeier jedoch explizit ablehnt. **218**

Abends macht der Versand Diethelm allerdings nochmals ein Angebot per Telefon, das dieser umgehend hätte annehmen müssen, um einen wirksamen Kaufvertrag abzuschließen (§ 147 Abs. 1 S. 1, 2 BGB). Diethelm legt aber ohne weitere Äußerung auf und lehnt damit das erneute Angebot Mümmelmeiers ab.

Im Ergebnis ist daher kein Kaufvertrag zustande gekommen, der Mümmelmeier-Versand hat keinen Anspruch gegen Diethelm auf Bezahlung des Wombats aus § 433 Abs. 2 BGB.

▶ **Fall 22** ◀ *(Rn. 194, Annahme ohne Erklärung)*

219 Der BretzelmannClub könnte gegen Agathe einen Anspruch auf Bezahlung und Abnahme der Küchenmaschine aus § 433 Abs. 2 BGB haben. Voraussetzung dafür ist das Vorliegen eines wirksamen Kaufvertrags aus zwei übereinstimmenden Willenserklärungen, Angebot und Annahme.

220 Der BretzelmannClub macht Agathe hier ein konkludentes Angebot in Form des Zuschickens der Küchenmaschine. Dieses Angebot nimmt Agathe aus Sicht eines objektiven Dritten ebenfalls **konkludent** an, indem sie die Maschine nicht umgehend zurücksendet, sondern mit gewisser Ausdauer zumindest eine Woche lang verwendet. Zwar geht dem BretzelmannClub keine Annahmeerklärung zu, dies ist aber verzichtbar (§ 151 S. 1 BGB), weil sich zwischen den beiden Parteien schon die Praxis herausgebildet hat, dass Agathe die Ware, die sie gerne erwerben möchte, einfach behält und nicht sogleich zurückschickt. Demnach scheint ein wirksamer Kaufvertrag zustande gekommen zu sein.

221 Etwas Anderes könnte sich aber aus § 241a Abs. 1 BGB ergeben: Da der BretzelmannClub hier als Unternehmer (handelt im Rahmen seiner gewerblichen Tätigkeit, § 14 Abs. 1 BGB) und Agathe als Verbraucher (tätigt Rechtsgeschäfte zu privaten Zwecken, § 13 BGB) einzustufen ist, wird durch das unaufgeforderte **Zusenden unbestellter Ware** gerade kein (vertraglicher oder gesetzlicher) Anspruch begründet. Dass Agathe die Küchenmaschine nicht zurückschickt, darf daher nicht als Annahme gewertet werden. Sie läge hier erst vor, wenn Agathe ausdrücklich das Angebot des BretzelmannClubs annähme oder die Ware bezahlte.

222 Andererseits findet § 241a Abs. 1 BGB keine Anwendung in einer **laufenden Geschäftsbeziehung**, wo ständig Warenproben oder dergleichen zugeschickt werden, weil der Verbraucher in dieser Situation nicht schutzbedürftig erscheint, sollte er doch nach einiger Zeit die Geschäftsbedingungen kennen. Ob das rechtliche Verhältnis zwischen Agathe und dem BretzelmannClub als eine solche laufende Geschäftsbeziehung zu beurteilen ist, bleibt Wertungsfrage.

▷ *Je nach Argumentation ist daher sowohl vertretbar, dem BretzelmannClub einen Zahlungs- und Abnahmeanspruch aus § 433 Abs. 2 BGB zu geben, als auch ihm diesen zu versagen.*

223 **Abwandlung:** Agathe ist hier kein Verbraucher (§ 13 BGB), eine Anwendung von § 241a Abs. 1 BGB scheidet aus, ein wirksamer Kaufvertrag ist zustande gekommen.

Das Zurückschicken der gesäuberten Küchenmaschine ist zwar als konkludent erklärter **Widerruf** zu sehen. Falls dieser im Zusammenhang mit § 151 S. 1 BGB, nach dem auf den Zugang der Annahmeerklärung verzichtet wird, überhaupt möglich ist (umstritten), erfolgt er aber jedenfalls zu spät, da er bereits vor oder gleichzeitig mit der „Annahmeerklärung" hätte zugehen müssen (§ 130 Abs. 1 S. 2 BGB analog), was hier nicht der Fall ist. Somit kann der BretzelmannClub von Agathe Bezahlung und Abnahme der Küchenmaschine aus § 433 Abs. 2 BGB verlangen. 224

▶ Fall 23 ◀ *(Rn. 199, Versteckter Dissens)*

Kunigunde könnte einen Anspruch gegen die Xantas Airline AG auf Überlassung des Flugzeugs aus § 535 Abs. 1 S. 1 BGB haben. Voraussetzung dafür ist ein wirksam abgeschlossener Mietvertrag. 225

Beide Parteien haben hier zwar ein entsprechendes Vertragsformular unterzeichnet, allerdings dabei vergessen, die anfangs streitige Frage einer von Kunigunde zu leistenden Kautionszahlung zu regeln. Es liegt damit ein **versteckter Einigungsmangel** vor. Gem. § 155 BGB kann in solchen Fällen dennoch ein wirksamer Vertrag zustande kommen, sofern beide Parteien auch ohne die betreffende Regelung den Vertrag abgeschlossen hätten. 226

Ob dies zu bejahen ist, muss mit Blick auf die hypothetischen Parteiwillen entschieden werden: Kunigunde kann es nur recht sein, wenn sie keine Kaution leisten muss. Die Xantas Airline dagegen wird es anders sehen, gerade wenn sie sich über die Fähigkeiten von Kunigunde als Pilotin Gedanken macht, und damit vielleicht nicht die Gefahr eines Absturzes, aber zumindest einer Bruchlandung am Horizont erkennt. Von einem wirksamen Vertragsabschluss ist somit nicht auszugehen, zumal der Regelfall des § 155 BGB eben das Nicht-Zustandekommen des betreffenden Vertrags ist, und es für das Vorliegen von Ausnahmen grundsätzlich tragfähiger Anhaltspunkte bedarf. Kunigunde kann daher nicht die Übergabe des Flugzeugs von der Xantas Airline verlangen.

Kapitel 6
Geschäftsfähigkeit

Übersicht

I. Begriff 227
Fähigkeit, selbst Rechtsgeschäfte wirksam vornehmen zu können

II. Geschäftsunfähigkeit
Wer nicht sieben Jahre alt (§ 104 Nr. 1 BGB) oder dauerhaft geisteskrank ist (§ 104 Nr. 2 BGB)

III. Beschränkte Geschäftsfähigkeit
Wer sieben Jahre alt, aber nicht volljährig ist (§ 106 BGB)

1. Zustimmungsfreie Rechtsgeschäfte
   a) Vorteilhafte oder neutrale Rechtsgeschäfte (§ 107 BGB)
   b) Teilgeschäftsfähigkeit
      aa) Im Zusammenhang mit einem selbständigen Erwerbsgeschäft (§ 112 Abs. 1 S. 1 BGB)
      bb) Im Zusammenhang mit einem Dienst- oder Arbeitsverhältnis (§ 113 Abs. 1 S. 1 BGB)
2. Zustimmungsbedürftige Rechtsgeschäfte
   a) Einwilligung des gesetzlichen Vertreters
      Vorherige konkrete Zustimmung (§ 107 BGB)
   b) Taschengeldparagraph
      Vorherige konkludente Zustimmung (§ 110 BGB)
   c) Genehmigung des gesetzlichen Vertreters
      Rückwirkende konkrete Zustimmung (§ 108 Abs. 1 BGB), Besonderheiten in §§ 108 Abs. 2, 3, 109 BGB

IV. Falllösungen

Vertiefende Literatur

Boecken, S. 222 ff.; *Bork*, S. 374 ff.; *Brehm*, S. 167 ff.; *Brox/Walker*, S. 118 ff.; *Faust*, S. 122 ff.; *Köhler*, S. 129 ff.; *Larenz/Wolf*, S. 446 ff.; *Leipold*, S. 118 ff.; *Medicus*, S. 221 ff.; *Musielak*, S. 134 ff.; *Pawlowski*, S. 90 ff.; *Rüthers/Stadler*, S. 287 ff.; *Schack*, S. 61 ff.; *Schapp/Schur*, S. 201 ff.; *Schwab/Löhnig*, S. 3195 ff.; *Wörlen/Metzler-Müller*, S. 63 ff. 228

Grundlegende Rechtsprechung

- Reichweite des Überlassens von Mitteln „zu freier Verfügung" gem. § 110 BGB („Lotterie") – *RGZ 74, 234* 229
- Rechtlich vorteilhafte Schenkung eines Grundstücks an einen Minderjährigen – *BGHZ 15, 168*
- Schuldrechtlich vorteilhafte, dinglich jedoch nachteilhafte Schenkung eines Grundstücks an einen Minderjährigen („Gesamtbetrachtungslehre") – *BGH NJW 1981, 109*
- Beweislastverteilung und Verhältnis zwischen § 108 Abs. 2 und 3 BGB – *BGH NJW 1989, 1728*
- Maßgeblichkeit rechtlicher Folgen des isoliert betrachteten Geschäfts (Abgrenzung von der „Gesamtbetrachtungslehre") – *BGH NJW 2005, 415*

I. Begriff

230 **Geschäftsfähigkeit** ist die Fähigkeit, selbst Rechtsgeschäfte wirksam vornehmen zu können. Das Gesetz geht prinzipiell davon aus, dass alle Menschen geschäftsfähig sind, und regelt daher nur Einschränkungen explizit.

231 Die Geschäftsfähigkeit ist zu unterscheiden von der **Rechtsfähigkeit**, die bereits mit der Geburt beginnt und es erlaubt, überhaupt Träger von Rechten und Pflichten sein zu können (vgl. § 1 BGB). Gleichfalls abzugrenzen ist die **Deliktsfähigkeit**, auf deren Grundlage man für unerlaubte Handlungen schadensersatzpflichtig gemacht werden kann (vgl. §§ 827, 828 BGB).

II. Geschäftsunfähigkeit

232 Wer noch nicht sieben Jahre alt ist (§ 104 Nr. 1 BGB) oder wer dauerhaft geisteskrank ist (§ 104 Nr. 2 BGB) ist **geschäftsunfähig**.

233 Die Willenserklärung eines Geschäftsunfähigen ist unrettbar **nichtig** (§ 105 Abs. 1 BGB), für ihn muss gegebenenfalls sein gesetzlicher Vertreter handeln.

234 **Fall 24**

Die sechsjährige Jelatine geht mit ein wenig Geld, das sie im Einverständnis mit ihren Eltern gespart hat, ohne deren Kenntnis zum Spielwarengeschäft Frölich. Dort sucht sie sich einen kleinen Plüschelefanten für € 4 aus, bezahlt mit zwei € 2 Münzen und nimmt ihn mit nach Hause.

Liegt ein wirksamer Kaufvertrag vor? Wer ist Eigentümer des Elefanten? Bestehen Rückabwicklungsansprüche zwischen den Parteien?

Lösung Rn. 259

235 **Fall 25**

Igor ist ein wenig geisteskrank. Tagsüber läuft er manchmal mit einer Motorsäge durch die Gegend, sonst geht es ihm aber noch ganz gut. Von einem Versicherungsvertreter gerade beim Zerlegen eines besonders hässlichen Jägerzauns angetroffen, schließt er bei diesem ohne lange zu zögern eine nützliche Haftpflichtversicherung ab.

Ist der Vertragsschluss wirksam?

Lösung Rn. 266

III. Beschränkte Geschäftsfähigkeit

236 Minderjährige ab dem Alter von sieben Jahren sind **beschränkt geschäftsfähig** (§ 106 BGB). Für die Prüfung, was dies für ein von dem Minderjährigen vorgenommenes Rechtsgeschäft bedeutet, bietet sich folgende Reihenfolge an:

1. Zustimmungsfreie Rechtsgeschäfte

237 Die beschränkte Geschäftsfähigkeit des Minderjährigen hat zur Folge, dass regelmäßig seine Eltern als gesetzliche Vertreter (§§ 1626 Abs. 1, 1629 Abs. 1 S. 1 BGB) **zustimmen** müssen (§ 182 BGB), damit ein von ihm vorgenommenes Rechtsgeschäft wirksam

wird. In einigen Ausnahmefällen ist eine solche Zustimmung allerdings **nicht erforderlich** (vgl. die Formulierung in §§ 108 Abs. 1, 111 S. 1 BGB), der Minderjährige wird insofern wie ein voll Geschäftsfähiger behandelt.

a) Vorteilhafte oder neutrale Rechtsgeschäfte

Rechtsgeschäfte eines beschränkt Geschäftsfähigen, die **rechtlich** nicht nachteilhaft, d.h. entweder **neutral** oder **vorteilhaft** sind, bedürfen keiner Zustimmung der Eltern (§ 107 BGB). Der Minderjährige ist insofern nicht besonders schutzbedürftig, weil er gar nicht von den rechtlichen Folgen des Geschäfts betroffen wird (neutrales Geschäft, vgl. beispielsweise § 165 BGB) oder aber nur etwas hinzugewinnt (vorteilhaftes Geschäft). 238

Auf **wirtschaftliche** Vor- oder Nachteile kommt es dagegen **nicht** an, sie sind zudem meistens aus dem vorliegenden Sachverhalt kaum sicher zu ermitteln. 239

Beispiel

Der Abschluss eines Kaufvertrags als gegenseitiger Vertrag ist stets nachteilhaft, da sich der Minderjährige immer auch selbst verpflichtet (entweder zur Lieferung, § 433 Abs. 1 S. 1 BGB, oder zur Kaufpreiszahlung, § 433 Abs. 2 BGB). Auch die Erfüllung eines eigenen Anspruchs ist immer nachteilhaft, weil der Anspruch mit der Erfüllung erlischt (§ 362 Abs. 1 BGB). Ein einseitiges Verpflichtungsgeschäft zu seinen Gunsten, beispielsweise eine Schenkung (vgl. § 516 Abs. 1 BGB), oder ein ihn begünstigendes Verfügungsgeschäft, beispielsweise die Übereignung eines Buchs (vgl. § 929 S. 1 BGB), ist dagegen vorteilhaft, denn der Minderjährige erhält auch rechtlich nur etwas hinzu.

Fall 26 240

In seiner Freizeit hilft Elvis, ohne Wissen seiner Eltern, im Musikgeschäft „Torture Records" von Ulf aus. In dessen Abwesenheit verkauft er an Carl die einzigartige „Iron Maiden – Collector's Edition" für € 400. Ulf hatte sie aber einer Stammkundin bereits fest versprochen, was Elvis nicht wusste. Ulf möchte die Schallplatten gegen Rückerstattung des Kaufpreises zurückhaben, mit der Begründung, wegen Elvis' Minderjährigkeit sei der Kaufvertrag ohnehin unwirksam.

Stimmt das? *Lösung Rn. 269*

b) Teilgeschäftsfähigkeit

aa) Im Zusammenhang mit einem selbständigen Erwerbsgeschäft

Betreibt der Minderjährige im Einverständnis mit seinem gesetzlichen Vertreter und dem Vormundschaftsgericht (§§ 1643 Abs. 1, 1822 Nr. 3 BGB) ein **Erwerbsgeschäft** (= jede erlaubte, selbständige, berufsmäßig ausgeübte und auf Gewinn ausgerichtete Tätigkeit), so kann er alle Rechtsgeschäfte, die damit zusammenhängen, alleine wirksam vornehmen (§ 112 Abs. 1 S. 1 BGB). Der Minderjährige ist **insoweit** unbeschränkt geschäftsfähig. 241

bb) Im Zusammenhang mit einem Dienst- oder Arbeitsverhältnis

Ebenso ist ein Minderjähriger für diejenigen Rechtsgeschäfte unbeschränkt geschäftsfähig, die mit einem **Dienst- oder Arbeitsverhältnis** zusammenhängen (§ 113 Abs. 1 S. 1 BGB). Im Unterschied zu dem Betrieb eines Erwerbsgeschäfts muss es sich hier nicht um eine selbständige Tätigkeit des Minderjährigen handeln, es genügt daher auch bereits die Ermächtigung allein seines gesetzlichen Vertreters. 242

2. Zustimmungsbedürftige Rechtsgeschäfte

243 Liegt keiner der vorgenannten Sonderfälle vor, muss der gesetzliche Vertreter des Minderjährigen in irgendeiner Form dessen Rechtsgeschäft **zustimmen**, um es wirksam werden zu lassen.

244 **Fall 27**

Diethelms achtjähriger Neffe Gerwin ist gerade zu Besuch. Auch er findet den Weg zu Spielwaren Frölich und kauft dort entgegen dem ausdrücklichen Willen seiner Eltern mit vielen kleinen Münzen eine „Super Soaker Splash Shotgun" für € 9,95.

Liegt ein wirksamer Kaufvertrag vor? Wer ist Eigentümer der Wasserpistole? Bestehen Rückabwicklungsansprüche zwischen den Parteien? *Lösung Rn. 272*

a) Einwilligung des gesetzlichen Vertreters

245 Das Rechtsgeschäft eines beschränkt Geschäftsfähigen ist wirksam, wenn sein gesetzlicher Vertreter **eingewilligt** hat (§ 107 BGB), d.h. bereits **vor** dem Abschluss des **konkreten** Rechtsgeschäfts seine Zustimmung erteilt hat (vgl. § 183 S. 1 BGB).

b) Taschengeldparagraph

246 Auch dann, wenn es an einer solchen konkreten Einwilligung fehlt, ist ein Rechtsgeschäft dennoch von Beginn an wirksam, wenn es mit dem Minderjährigen dazu gewährten Mitteln, beispielsweise mit seinem Taschengeld, **vollständig bewirkt worden** ist (§ 110 BGB).

247 **Fall 28**

Etwas später taucht Gerwin wieder bei Spielwaren Frölich auf, und kauft für € 3 ein neues Frisbee. Mittlerweile bekommt er aber regelmäßig etwas Taschengeld, das er ausgeben darf, wie er möchte.

Ändert sich die rechtliche Beurteilung gegenüber **Fall 27**? *Lösung Rn. 276*

248 Die Vorschrift beruht auf dem Gedanken, dass ein Minderjähriger den Umgang mit Geld lernen soll und seine Eltern, bereits indem sie ihm Taschengeld zur Verfügung stellen, eine **generelle Einwilligung** erteilen, dies auch nach eigenem Gutdünken zu verwenden. Probleme können sich freilich dann ergeben, wenn der Minderjährige sein Taschengeld in ganz anderer Weise gebraucht, als es sich die Eltern vorgestellt haben.

249 **Fall 29**

Elvis, immer noch siebzehn, bekommt deutlich mehr Taschengeld als Gerwin, und kauft sich davon ohne Wissen seiner Eltern in „Larry's Biker Palace" ein Mofa, das er in fünf Monatsraten abzahlen soll. Larry geht davon aus, dass Elvis bereits volljährig ist. Als dessen Eltern vor Zahlung der letzten Rate von der Geschichte erfahren, wollen sie alles rückgängig machen.

Liegt ein wirksamer Kaufvertrag vor? Wer ist Eigentümer des Mofas? Bestehen Rückabwicklungsansprüche zwischen den Parteien? *Lösung Rn. 277*

Fall 30 250

Nachdem die Sache mit dem Mofa schon nicht so reibungslos über die Bühne gegangen ist wie er sich vorgestellt hat, will Elvis größer einsteigen und beginnt mit seinem Taschengeld bei einer auch für Minderjährige frei zugänglichen Lotterie mitzuspielen, um sich zunächst das erforderliche Kapital zu beschaffen. Und tatsächlich: Schon bei der dritten Ziehung gewinnt er € 50 000! Mit dem Geld kauft er sich bei Larry eine gebrauchte Corvette, um Carl „mal richtig abzuledern". Als Elvis' Eltern davon erfahren, sind sie – wieder einmal – erbost und verlangen, dass Elvis das Auto zurückgibt.

Muss Larry den Kaufpreis daraufhin zurückzahlen? (Es ist davon auszugehen, dass Elvis die € 50 000 rechtmäßig erlangt hat.)

Lösung Rn. 283

c) Genehmigung des gesetzlichen Vertreters

Liegt weder eine konkrete noch eine generelle Einwilligung des gesetzlichen Vertreters vor, ist ein Rechtsgeschäft, dass der Minderjährige dennoch vorgenommen hat, zunächst **schwebend unwirksam**. 251

Ein **einseitiges** Rechtsgeschäft des Minderjährigen, beispielsweise eine Kündigung oder ein Widerruf, ist prinzipiell sogar **endgültig unwirksam** (§ 111 S. 1 BGB). 252

Von dieser Ausnahme abgesehen, kann der gesetzliche Vertreter des Minderjährigen dessen Geschäft **nachträglich** (vgl. § 184 Abs. 1 BGB) wirksam werden lassen, indem er es **genehmigt** (§ 108 Abs. 1 BGB). Er kann es ebenso endgültig unwirksam werden lassen, indem er die Genehmigung **verweigert**. Sobald jedoch der Minderjährige unbeschränkt geschäftsfähig geworden ist, kann nur noch **er selbst** das ursprünglich schwebend unwirksame Geschäft genehmigen (§ 108 Abs. 3 BGB). 253

Der **Vertragspartner** des Minderjährigen, für den der Schwebezustand wenig angenehm ist, muss allerdings nicht tatenlos zusehen: Einmal kann er den gesetzlichen Vertreter **auffordern**, sich zu einer eventuellen Genehmigung „zu erklären". Dies hat nicht nur zur Folge, dass sich der Vertreter wirksam nur noch ihm gegenüber äußern kann, sondern auch dass eine vorher möglicherweise bereits dem Minderjährigen gegenüber abgegebene Erklärung seines gesetzlichen Vertreters unwirksam wird (§ 108 Abs. 2 S. 1 BGB). Auf diese Weise kann sich der Vertragspartner etwas mehr Rechtssicherheit verschaffen. 254

Fall 31 255

Elvis versucht es schließlich ganz anders. Drei Wochen vor seinem achtzehnten Geburtstag meldet er sich bei Nicos Fahrschule „No Risk – No Fun" zum Erwerb des LKW-Führerscheins an. Als er dies seinen Eltern ein paar Tage später mitteilt, sind sie überraschenderweise einverstanden. Bei der Durchsicht der Unterlagen stellt Nico währenddessen allerdings fest, dass Elvis noch nicht volljährig ist, und fragt bei dessen Eltern schriftlich an, ob sie Elvis' Besuch der Fahrschule zustimmen würden. Das Schreiben geht den Eltern zwar eine Woche vor Elvis' Geburtstag zu, weil sie zu diesem Zeitpunkt aber gerade im Urlaub sind, teilen sie Nico erst kurz nach dem Geburtstag ihr Einverständnis mit. Mittlerweile hat es sich Elvis wiederum anders überlegt, gegen den Widerstand seiner Eltern sagt er den Kurs ab, weil er meint, „demnächst bei der Bundeswehr billiger an den Lappen zu kommen".

Ist der Vertrag zwischen Elvis und Nicos Fahrschule wirksam zustande gekommen?

Lösung Rn. 286

256 Zusätzlich steht dem Geschäftspartner bis zur Genehmigung des Rechtsgeschäfts auch ein **Widerrufsrecht** zu (§ 109 Abs. 1 S. 1 BGB). Dieses kann sich freilich nur auf die Minderjährigkeit als Widerrufsgrund stützen, es handelt sich nicht um ein „allgemeines Rücktrittsrecht". Abweichend von § 131 Abs. 2 BGB kann der Widerruf als einseitige empfangsbedürftige Willenserklärung auch **gegenüber dem Minderjährigen selbst** erklärt werden (§ 109 Abs. 1 S. 2 BGB).

257 Der Widerruf ist **ausgeschlossen**, wenn der Geschäftspartner bei Vertragsabschluss die **Minderjährigkeit kannte**, es sei denn, der Minderjährige selbst hatte wahrheitswidrig **behauptet**, die Eltern hätten eingewilligt (§ 109 Abs. 2 Hs. 1 BGB). Ein Widerruf ist aber selbst dann nicht möglich, wenn der Geschäftspartner **positiv wusste**, dass der gesetzliche Vertreter des Minderjährigen **nicht eingewilligt** hatte (§ 109 Abs. 2 Hs. 2 BGB.

258 **Fall 32**

Zelda ist mittlerweile 13 Jahre alt und hat sich beim Kreditinstitut Saubermann & Söhne gerade ein neues „Teenie-Konto" einrichten lassen, auf dem sie ihr Taschengeld gewinnbringend anlegen möchte. Im Anschluss daran beschwatzt sie der Angestellte solange, von einem Teil ihres gesparten Geldes eine im Vorraum der Bank vor sich hin verstaubende Skulptur Igors („Halbes Gartentor 17b") für € 150 zu erwerben, bis Zelda schließlich nachgibt. In einem Anflug schlechten Gewissens merkt der Mitarbeiter noch an, ihre Eltern wären doch sicher mit einer solchen Investition einverstanden. Obwohl sie genau weiß, dass ihre Eltern ihr eingeschärft haben, ihr Taschengeld für ein neues Fahrrad zu sparen, bejaht Zelda die Frage, da sie schnell wieder nach draußen möchte. Am nächsten Tag liest Saubermann jun. in der Zeitung, dass Igor den renommierten Preis „New Action Artist of the Year" gewonnen hat. In Sekundenschnelle realisierend, dass die Skulptur jetzt endlich etwas wert sein könnte, stellt er seinen Angestellten zur Rede und ruft sogleich – noch vor dem Rauswurf des Mitarbeiters – bei Zeldas Eltern an und widerruft den Kauf der Skulptur unter Verweis auf Zeldas Minderjährigkeit. Die Eltern haben jedoch auch die Zeitung gelesen und genehmigen daher umgehend Zeldas Geschäft.

Kann Zelda die Übereignung der Skulptur verlangen, die noch – wenngleich nunmehr abgestaubt – in der Bank steht?

Lösung Rn. 289

IV. Falllösungen

▶ Fall 24 ◀ *(Rn. 234, Geschäftsunfähigkeit)*

259 ▷ *Nur zur Klarstellung: Die Ansprüche Minderjähriger werden in der Regel von ihren Eltern geltend gemacht (vgl. §§ 1626 Abs. 1, 1629 Abs. 1 S. 1 BGB).*

1. Wirksamer Kaufvertrag

Fraglich ist, ob zwischen Jelatine und Spielwaren Frölich ein wirksamer Kaufvertrag über den Plüschelefanten zustande gekommen ist.

Jelatine ist erst sechs Jahre alt und damit **geschäftsunfähig** (§ 104 Nr. 1 BGB). Ihre Willenserklärung in Form des Kaufangebots ist somit nichtig (§ 105 Abs. 1 BGB), ein wirksamer Kaufvertrag kommt nicht zustande.

2. Eigentümer des Elefanten

Mangels entgegenstehender Angaben im Sachverhalt ist zu unterstellen, dass ursprünglich Spielwaren Frölich Eigentümer des Plüschelefanten war. Das Eigentum könnte aber auf Jelatine übergegangen sein, wenn ihr der Elefant wirksam übereignet worden wäre (§ 929 S. 1 BGB). Wegen des **Abstraktionsprinzips** hat die Unwirksamkeit des Verpflichtungsgeschäfts (Kaufvertrag) nicht zwangsläufig auch die Unwirksamkeit des Verfügungsgeschäfts zur Folge, dieses ist vielmehr getrennt zu prüfen. **260**

Die Übereignung des Elefanten verlangt als **dinglicher Vertrag** ebenso wie beispielsweise ein Kaufvertrag zwei übereinstimmende Willenserklärungen (vgl. § 929 S. 1 BGB: „beide darüber einig sind"). Da Jelatine aber geschäftsunfähig ist, konnte sie auch im Rahmen des Verfügungsgeschäfts keine wirksame Willenserklärung abgeben, die Übereignung ist somit ebenfalls unwirksam. Spielwaren Frölich bleibt Eigentümer des Elefanten. **261**

3. Rückabwicklungsansprüche zwischen den Parteien

a) Frölich gegen Jelatine: Plüschelefant

aa) § 985 BGB

Da Spielwaren Frölich Eigentümer des Elefanten geblieben ist, steht ihm ein Herausgabeanspruch aus § 985 BGB gegen die Besitzerin Jelatine zu. Der zugrundeliegende Kaufvertrag ist unwirksam, Jelatine kann dem Rückforderungsverlangen daher kein Recht zum Besitz aus § 986 Abs. 1 S. 1 BGB entgegenhalten. **262**

bb) § 812 Abs. 1 S. 1, 1. Alt. BGB

Alternativ kann Spielwaren Frölich auch gem. § 812 Abs. 1 S. 1, 1. Alt. BGB (Leistungskondiktion) vorgehen, denn Jelatine hat den Besitz an dem Elefanten (etwas) durch Übergabe (Leistung) ohne Rechtsgrund (unwirksamer Kaufvertrag) erlangt. Da Jelatine sich aber möglicherweise auf Entreicherung gem. § 818 Abs. 3 BGB berufen könnte, wenn der Elefant im Kinderzimmer bereits das Zeitliche gesegnet haben sollte, ist der vindikatorische Anspruch aus dem Eigentum gem. § 985 BGB vorrangig zu verfolgen. **263**

b) Jelatine gegen Frölich: € 4 in Münzen

aa) § 985 BGB

Ursprünglich war Jelatine Eigentümerin des Geldes. Mangels Geschäftsfähigkeit konnte es Jelatine nicht wirksam an Spielwaren Frölich gem. § 929 S. 1 BGB übereignen. **264**

Durch die untrennbare **Vermischung** der € 4 mit dem übrigen Geld in der Kasse hat Jelatine jedoch gem. §§ 947 Abs. 1, 2, 948 Abs. 1 BGB durch originären Eigentumserwerb von Spielwaren Frölich ihr Eigentum an dem Geld verloren. Der Kassenbestand stellt im Vergleich zu dem geringen Wert von Jelatines Anteil die Hauptsache im Sinne des § 947 Abs. 2 BGB dar. Ein Anspruch aus § 985 BGB steht Jelatine insofern nicht mehr zu.

bb) §§ 951 Abs. 1 S. 1, 812 Abs. 1 S. 1, 2. Alt. BGB

265 Als Ausgleich für ihren Eigentumsverlust kann Jelatine jedoch von Spielwaren Fröhlich einen Betrag in Höhe von € 4 gem. §§ 951 Abs. 1 S. 1, 812 Abs. 1 S. 1, 2. Alt. BGB (**Entschädigung für Rechtsverlust** im Wege der Eingriffskondiktion) verlangen, weil Spielwaren Frölich auf ihre Kosten bereichert worden ist. Eine Entreicherung von Spielwaren Frölich gem. § 818 Abs. 3 BGB ist hier kaum vorstellbar, weil dafür überhaupt kein Geld (s.o.: Eigentumsverlust der Jelatine gerade aufgrund untrennbarer Vermischung mit dem Geld von Spielwaren Frölich) mehr vorhanden sein dürfte.

▶ **Fall 25** ◀ *(Rn. 235, partielle/relative Geschäftsunfähigkeit)*

266 Für den wirksamen Abschluss des Versicherungsvertrags müsste Igor das Angebot des Vertreters angenommen, mithin eine gültige Willenserklärung abgegeben haben.

267 Daran könnte allerdings zu zweifeln sein, wenn er wegen einer nicht nur vorübergehenden **Störung seiner Geistestätigkeit** außerstande gewesen sein sollte, freie Willensentscheidungen zu treffen, und damit geschäftsunfähig gewesen wäre (§ 104 Nr. 2 BGB); mit der Folge, dass seine Willenserklärung nichtig wäre (§ 105 Abs. 1 BGB). Nichts anderes würde sich bei einer vorübergehenden Störung der Geistestätigkeit gerade zum Zeitpunkt der Abgabe der Willenserklärung (wo Igor just dabei war, einen Jägerzaun zu zerkleinern) ergeben (§ 105 Abs. 2 BGB).

268 Da es Igor „ansonsten noch ganz gut" ging, ist allenfalls an eine nur teilweise Geschäftsunfähigkeit zu denken. Anerkannt ist insofern eine **partielle Geschäftsunfähigkeit** für einen eng begrenzten Lebensbereich, beispielsweise bei Querulantenwahn für die Prozessführung oder krankhafter Eifersucht in Fragen der Ehe. Abzulehnen ist indessen eine **relative Geschäftsunfähigkeit** hinsichtlich besonders schwieriger Geschäfte, da sich dadurch mangels hinreichender Abgrenzungskriterien erhebliche Gefahren für die Rechtssicherheit ergeben würden. Im Ergebnis ist Igors Willenserklärung deshalb unverändert als nichtig anzusehen.

▶ **Fall 26** ◀ *(Rn. 240, Neutrales Geschäft)*

269 Die Wirksamkeit des Kaufvertrags hängt davon ab, ob Elvis das Angebot des Carl annehmen konnte.

Da Elvis allerdings erst 17 Jahre alt war, war er nur beschränkt geschäftsfähig (§ 106 BGB). Laut Sachverhalt fehlte jegliche Einwilligung der Eltern, da sie gar nichts von Elvis Aushilfsjob wussten. Das **Angebot** allein wurde bereits mit Zugang bei Elvis wirksam, weil es ihm zumindest keinen rechtlichen Nachteil brachte (vgl. § 131 Abs. 2 S. 2 BGB).

270 Für die **Annahme** war eine Einwilligung möglicherweise aber gar nicht erforderlich (vgl. § 107 BGB), da der erzielte Vertragsabschluss für Elvis vorteilhaft oder zumindest rechtlich neutral gewesen sein könnte. Elvis handelte hier nicht für sich selbst, sondern er arbeitete als Verkäufer im Geschäft von Ulf, so dass er als dessen Stellvertreter angesehen werden kann.

Die Willenserklärung eines Stellvertreters bindet allerdings nicht den Stellvertreter selbst, sondern den Vertretenen gegenüber dem Geschäftspartner (§ 164 Abs. 1 S. 1 BGB, siehe dazu im Einzelnen Kapitel 10). Die rechtlichen Folgen der Willenserklärung eines Stellvertreters treffen diesen also gar nicht, im Guten wie im Schlechten, es handelt sich für ihn um ein **rechtlich neutrales Geschäft**. Daher ist der Minderjährige auch nicht in besonderer Weise schutzbedürftig, weshalb bereits das Gesetz die Willenserklärung eines Vertreters ausdrücklich für wirksam erklärt (§ 165 BGB).

Elvis konnte somit ohne weiteres im Namen von Ulf an Carl die Schallplatten verkaufen, der Vertrag ist wirksam. Von der Reservierung für die Stammkundin wusste Elvis nichts, ein etwaiges Überschreiten seiner Vertretungsmacht im Innenverhältnis gegenüber Ulf kommt daher gar nicht erst in Betracht.

Auf eine **Teilgeschäftsfähigkeit** des Elvis im Rahmen eines Dienst- oder Arbeitsverhältnisses gem. § 113 Abs. 1 S. 1 BGB konnte dagegen nicht abgestellt werden, da seine Eltern gar nichts von seiner Tätigkeit wussten und es deshalb bereits insofern an ihrer Ermächtigung fehlt. **271**

▶ Fall 27 ◀ *(Rn. 244, Beschränkte Geschäftsfähigkeit)*

▷ Vergleiche die folgende Lösung mit derjenigen von *Fall 24* (Rn. 259). **272**

1. Wirksamer Kaufvertrag

Fraglich ist, ob zwischen Gerwin und Spielwaren Frölich ein wirksamer Kaufvertrag über die Wasserpistole zustande gekommen ist.

Gerwin ist erst acht Jahre alt und damit nur **beschränkt geschäftsfähig** (§ 106 BGB). Der Abschluss des Kaufvertrags hätte für ihn in Gestalt der Pflicht zur Kaufpreiszahlung gem. § 433 Abs. 2 BGB rechtliche Nachteile mit sich gebracht, eine Einwilligung des gesetzlichen Vertreters war daher erforderlich (vgl. § 107 BGB). Seine Eltern waren jedoch ausdrücklich gegen den Kauf der Pistole, ein wirksamer Kaufvertrag konnte nicht zustande kommen.

2. Eigentümer der Wasserpistole

Ursprünglich war Spielwaren Frölich Eigentümer der Wasserpistole. **273**

Das Eigentum könnte aber auf Gerwin übergegangen sein, wenn ihm die Wasserpistole wirksam übereignet worden wäre (§ 929 S. 1 BGB). Die Übereignung der Wasserpistole verlangt als **dinglicher Vertrag** wiederum zwei übereinstimmende Willenserklärungen. Anders als der mit Pflichten verbundene schuldrechtliche Kaufvertrag bringt die Übereignung einer beweglichen Sache wie einer Wasserpistole dem Minderjährigen üblicherweise nur **rechtliche Vorteile**, da er auf diese Weise Eigentümer wird, ohne dass damit irgendwelche rechtlichen Nachteile verbunden wären. Eine Einwilligung der Eltern für das Verfügungsgeschäft war somit nicht erforderlich (vgl. § 107 BGB), Gerwin ist Eigentümer der Wasserpistole geworden.

3. Rückabwicklungsansprüche zwischen den Parteien

a) Frölich gegen Gerwin: Wasserpistole

aa) § 985 BGB

274 Da Gerwin Eigentümer der Wasserpistole geworden ist, steht Spielwaren Frölich kein Herausgabeanspruch aus § 985 BGB zu.

bb) § 812 Abs. 1 S. 1, 1. Alt. BGB

Allerdings kann Spielwaren Frölich gem. § 812 Abs. 1 S. 1, 1. Alt. BGB (Leistungskondiktion) vorgehen, denn Gerwin hat das Eigentum an der Wasserpistole (etwas) durch Übergabe (Leistung) ohne Rechtsgrund (unwirksamer Kaufvertrag) erlangt.

b) Gerwin gegen Frölich: € 9,95 in Münzen

aa) § 985 BGB

275 Ursprünglich war Gerwin Eigentümer des Geldes. Eine Übereignung an Spielwaren Frölich gem. § 929 S. 1 BGB wäre für ihn **rechtlich nachteilhaft** gewesen, da er auf diese Weise sein Eigentum an dem Geld verloren hätte. Eine Einwilligung der Eltern wäre deshalb erforderlich gewesen (vgl. § 107 BGB), sie fehlte hier jedoch. Ein Eigentumsverlust gem. § 929 S. 1 BGB ist damit nicht eingetreten.

Allerdings hat Gerwin durch die untrennbare Vermischung der € 9,95 mit dem übrigen Geld in der Kasse gem. §§ 947 Abs. 1, 2, 948 Abs. 1 BGB durch originären Eigentumserwerb von Spielwaren Frölich sein Eigentum an dem Geld verloren. Ein Anspruch aus § 985 BGB steht Gerwin insofern nicht mehr zu.

bb) §§ 951 Abs. 1 S. 1, 812 Abs. 1 S. 1, 2. Alt. BGB

Als Ausgleich für seinen Eigentumsverlust kann Gerwin aber von Spielwaren Fröhlich einen Betrag in Höhe von € 9,95 gem. §§ 951 Abs. 1 S. 1, 812 Abs. 1 S. 1, 2. Alt. BGB (Eingriffskondiktion) verlangen, weil Spielwaren Frölich auf seine Kosten bereichert worden ist.

▶ Fall 28 ◀ *(Rn. 247, Taschengeldparagraph)*

276 Anders als in **Fall 26** hat Gerwin diesmal den Frisbee mit seinem Taschengeld erworben, der Kaufvertrag und beide Übereignungen sind von Anfang an wirksam (§ 110 BGB). Daher besteht auch kein Anlass für irgendwelche Rückabwicklungsansprüche.

▶ Fall 29 ◀ (Rn. 249, Ratenkauf)

1. Wirksamer Kaufvertrag

277 Fraglich ist, ob zwischen Elvis und Larry ein wirksamer Kaufvertrag über das Mofa zustande gekommen ist.

Der Abschluss des Kaufvertrags hätte für den 17jährigen und damit nur beschränkt geschäftsfähigen (§ 106 BGB) Elvis wegen der Pflicht zur Kaufpreiszahlung gem. § 433 Abs. 2 BGB **rechtliche Nachteile** mit sich gebracht, eine Einwilligung des gesetzlichen Vertreters war daher erforderlich (vgl. § 107 BGB). Sie lag allerdings – zumindest in konkreter Form – offensichtlich nicht vor, da Elvis' Eltern sofort das Geschäft rückabwickeln wollten, als sie davon erfuhren.

Andererseits hat Elvis zum Kauf des Mofas sein **Taschengeld** verwendet, so dass es mit **278** Blick auf § 110 BGB möglicherweise gar nicht mehr auf eine konkrete Einwilligung seiner Eltern ankam. Die Wirkung des § 110 BGB tritt jedoch erst ein, wenn der Minderjährige die von ihm geschuldete Leistung **vollständig bewirkt hat**. Ein Ratenkauf wird daher erst mit Bezahlen der letzten Rate wirksam.

Minderjährige sollen dem Gedanken des § 110 BGB nach zwar den Umgang mit Geld **279** lernen, aber nur in dem von ihren Eltern vorgegebenen Rahmen, so dass insbesondere **Kreditgeschäfte** wegen ihrer größeren Gefährlichkeit nicht erfasst werden. Selbst wenn bei einem Ratenkauf möglicherweise keine Zinsen zusätzlich zum Kaufpreis bezahlt werden müssen, verpflichtet sich ein Minderjähriger bis zur vollständigen Begleichung seiner Schuld doch in einem Umfang, der seine regulären finanziellen Möglichkeiten übersteigt.

Elvis' Eltern widersprechen hier noch bevor er die letzte Rate zahlt, der Kaufvertrag ist **280** in diesem Zeitpunkt noch schwebend unwirksam (§ 108 Abs. 1 BGB). Mit dem Widerspruch versagen die Eltern eine rückwirkende Genehmigung des Vertrags (vgl. § 184 Abs. 1 BGB), er wird **endgültig** unwirksam. Dass Larry Elvis für bereits volljährig gehalten hat, ist insofern irrelevant. Der Schutz des Minderjährigen geht seinem geschäftlichen Interesse am Abschluss des Kaufvertrags vor.

2. Eigentümer des Mofas

Da im Sachverhalt von einem Eigentumsvorbehalt keine Rede ist (vgl. § 449 Abs. 1 **281** BGB, sonst wäre anschließend § 985 BGB einschlägig), ist Elvis Eigentümer des Mofas geworden, denn die für die Übereignung notwendige Willenserklärung (vgl. § 929 S. 1 BGB) bringt keine rechtlichen Nachteile mit sich. Ein Einverständnis der Eltern war es hier deshalb nicht erforderlich (§ 107 BGB).

▷ *Vergleiche auch die Lösung von* **Fall 27** *(Rn. 272) unter 2.*

3. Rückabwicklungsansprüche zwischen den Parteien

Larry kann von Elvis Herausgabe des Mofas gem. § 812 Abs. 1 S. 1, 1. Alt. BGB (Leis- **282** tungskondiktion) verlangen, im Gegenzug steht Elvis ein Anspruch aus derselben Norm gegen Larry zu, gerichtet auf Rückzahlung des von ihm gezahlten Geldes.

▷ *Vergleiche auch die Lösung von* **Fall 27** *(Rn. 272) unter 3. Der „Umweg" über § 951 BGB beim Rückzahlungsanspruch ist hier nicht notwendig, da eigentumsrechtliche Fragen (hinsichtlich bestimmter Münzen oder Geldscheine) nicht aufgeworfen werden. An der Rechtsfolge ändert sich ohnehin praktisch nichts, da auch § 951 BGB nur auf das Bereicherungsrecht verweist (**Rechtsgrundverweisung**, es* *ist eine vollständige Prüfung von § 812 Abs. 1 S. 1, 2. Alt. BGB nötig, d.h. dort ist eine Eingriffs-, statt, wie hier, eine Leistungskondiktion einschlägig).*

▶ **Fall 30** ◀ *(Rn. 250, Folge- oder Surrogatgeschäft)*

283 Elvis könnte einen Anspruch gegen Larry auf Rückzahlung des Kaufpreises aus § 812 Abs. 1 S. 1, 1. Alt. BGB haben.

Dafür müsste Larry die € 50 000 ohne rechtlichen Grund erlangt haben. Rechtsgrundlage für die Übereignung des Geldes war der Kaufvertrag zwischen Elvis und Larry. Als rechtlich nachteilhaftes Geschäft konnte Elvis diesen nur mit Einwilligung seiner Eltern abschließen (§ 107 BGB). Eine konkrete Einwilligung fehlte zwar, aber Elvis hat die Corvette mit dem Gewinn aus einer Lotterie bezahlt, für die er mit seinem **Taschengeld** ein Los gekauft hat. Fraglich ist deshalb die Reichweite der konkludenten, allgemeinen Einwilligung, welche die Eltern ausgesprochen haben, als sie Elvis das Taschengeld zur Verfügung gestellt haben. Grundsätzlich kann ein Minderjähriger sein Taschengeld nach eigenem Ermessen frei einsetzen, denn nur so kann er den eigenverantwortlichen Umgang mit Geld lernen.

284 Allerdings hat Elvis die Corvette **nicht unmittelbar** mit seinem Taschengeld erworben, sondern erst über den Zwischenschritt des Lotterie-Loses, wodurch seine finanziellen Mittel auf einmal erheblich gewachsen sind.

Dem Wortsinn des § 110 BGB nach dürfte er auch über den Gewinn frei verfügen, allerdings ist zu bedenken, dass die Eltern mit dem Taschengeld ihrem Sprössling keine grenzenlose Freiheit gewähren wollen, sondern immer noch ein **etwaiger Vorbehalt ihrerseits** zu berücksichtigen ist. Von der Regelung des § 110 BGB profitiert vor allem der Geschäftspartner des Minderjährigen, für den sich schneller Rechtsklarheit ergibt, als in denjenigen Fällen, wo er zunächst eine etwaige Genehmigung der Eltern abwarten muss. Der Geschäftspartner ist freilich nicht in dem Maße schutzbedürftig (Bedenke: die §§ 106 ff. BGB zielen primär auf den Minderjährigenschutz ab!), dass den Eltern nur eine „Alles oder Nichts"-Wahl dergestalt bliebe, entweder vollständig die Zustimmung zu versagen oder mit der Hingabe von Taschengeld umgekehrt ihr elterliches Sorgerecht insoweit ganz und unwiderruflich aufzugeben.

Im konkreten Fall ist daneben zu bedenken, dass der Erwerb eines Sportwagens neben weiteren finanziellen Lasten nicht unerhebliche **Gefahren** mit sich bringt, zumal Elvis bislang noch nicht mal einen Führerschein, geschweige denn Fahrpraxis besitzt und ein hochmotorisierter Sportwagen für einen Fahranfänger nicht unbedingt ein geeignetes Fahrzeug ist.

285 Legt man in diesem Sinne § 110 BGB mit Blick auf den vorliegenden Fall nach **Sinn und Zweck** aus, kommt zwischen Elvis und Larry im Ergebnis kein wirksamer Kaufvertrag zustande. Elvis kann somit von Larry die Rückzahlung des Kaufpreises gem. § 812 Abs. 1 S. 1, 1. Alt. BGB verlangen.

▶ Fall 31 ◀ *(Rn. 255, Vertragsschluss mit Genehmigung)*

Zunächst hat Elvis Nicos Fahrschule ein Angebot zum Abschluss eines Dienstleistungsvertrags gemacht, dass wegen der damit im Ergebnis verbundenen Pflicht, ein bestimmtes Entgelt zu bezahlen, rechtlich nachteilhaft war. Die erforderliche Einwilligung der Eltern fehlte jedoch, der Vertrag war zunächst schwebend unwirksam (§§ 107, 108 Abs. 1 BGB). Als Elvis ihnen von seinen Plänen erzählte, **genehmigten** sie den Vertrag nachträglich ihm gegenüber, was grundsätzlich unproblematisch möglich ist (vgl. §§ 182 Abs. 1, 184 Abs. 1 BGB). **286**

Indessen hatte Nico offensichtlich nichts von dieser Genehmigung erfahren, denn er wandte sich kurze Zeit später schriftlich an Elvis' Eltern mit der Bitte, sich zu dem Fahrschulvertrag zu äußern. Mit dieser Aufforderung wurde die vorher allein dem Elvis erteilte Genehmigung der Eltern rückwirkend wieder **unwirksam** (§ 108 Abs. 2 S. 1 HS 2 BGB). **287**

Nach ihrer Rückkehr genehmigten die Eltern nun Nico gegenüber noch einmal das Geschäft ihres Sohnes (vgl. § 108 Abs. 2 S. 1 HS 1 BGB). Während Nicos Schreiben ihnen aber laut Sachverhalt noch rechtzeitig zugegangen war, kommt die erneute Genehmigung (vgl. § 108 Abs. 2 S. 2 BGB) dagegen zu spät: Bevor sie Nico zuging, war Elvis bereits **volljährig** geworden, seine Eltern waren nicht mehr für ihn zuständig (§ 108 Abs. 3 BGB). Nur noch **er selbst** konnte jetzt darüber entscheiden, wie sein früher begonnenes Geschäft behandelt werden soll. Indem er sich dafür entschieden hat, nicht mehr bei Nico, sondern bei der Bundeswehr seinen Führerschein zu erwerben, verweigerte er konkludent die Genehmigung. Der Fahrschulvertrag ist deshalb nicht wirksam zustande gekommen. **288**

▶ Fall 32 ◀ *(Rn. 258, Widerruf)*

1. Abschluss des Kaufvertrags

Zelda könnte einen Anspruch gegen Saubermann auf Übereignung der Skulptur gem. § 433 Abs. 1 S. 1 BGB haben. Dafür müsste zwischen ihr und der Bank ein wirksamer Kaufvertrag zustande gekommen sein. **289**

Ein entsprechendes **Angebot** machte ihr der Angestellte, es ging ihr trotz Minderjährigkeit (§ 106 BGB) auch unmittelbar zu, weil damit allein noch kein rechtlicher Nachteil verbunden war (§ 131 Abs. 2 S. 2 BGB). Mit der **Annahme** hätte sie sich allerdings rechtlich nachteilhaft gem. § 433 Abs. 2 BGB zur Zahlung des Kaufpreises verpflichtet, weshalb dazu prinzipiell die Einwilligung ihrer Eltern notwendig war (§ 107 BGB).

Eine ausdrückliche **Einwilligung** der Eltern lag nicht vor. Zwar hat Zelda die Skulptur mit ihrem Taschengeld bezahlt, so dass an eine generelle Einwilligung der Eltern gedacht werden kann (§ 110 BGB). Die Eltern hatten jedoch ausdrücklich klargestellt, dass Zelda das Geld erst einmal für ein neues Fahrrad sparen sollte, sie konnte darüber also nicht frei verfügen. Mangels Einwilligung war der Kaufvertrag daher zunächst schwebend unwirksam. **290**

2. Widerruf von Saubermann

291 Bis zur Genehmigung eines solchen Vertrags (vgl. § 108 Abs. 1 BGB) kann ihn der Geschäftspartner des Minderjährigen grundsätzlich **widerrufen** (§ 109 Abs. 1 S. 1 BGB), wovon Saubermann hier auch Gebrauch gemacht hat. Anders als gem. § 131 Abs. 1 BGB wird der Widerruf bereits mit Zugang bei dem Minderjährigen selbst wirksam (§ 109 Abs. 1 S. 2 BGB).

Es handelt sich bei dem Widerruf zwar um eine für den Minderjährigen letzten Endes rechtlich nachteilhafte Willenserklärung, da er seinen Anspruch aus dem betreffenden Geschäft verliert. Andererseits ist dieses Geschäft zum fraglichen Zeitpunkt noch **schwebend unwirksam**. Der durch den Widerruf vernichtete Anspruch besteht folglich noch gar nicht, sondern könnte lediglich zukünftig entstehen.

292 Saubermann war das Fehlen der Einwilligung von Zeldas Eltern nicht bekannt (§ 109 Abs. 2 HS. 2 BGB), aber der Angestellte **wusste** zumindest aufgrund der Kontoeröffnung, dass Zelda minderjährig war (Zurechnung über § 166 Abs. 1 BGB). Sie allerdings hatte wahrheitswidrig behauptet, ihre Eltern hätten eingewilligt. Der Widerruf war deshalb nicht ausgeschlossen (§ 109 Abs. 2 HS. 1 BGB) und beseitigte das Angebot von Saubermann. Die anschließende Genehmigung durch Zeldas Eltern kam zu spät, es gab nichts mehr zu genehmigen.

Im Ergebnis kann Zelda somit nicht die Übereignung der Skulptur von Saubermann verlangen.

Kapitel 7

Form

Übersicht

I. Grundsatz der Formfreiheit 293
Rechtsgeschäfte sind grundsätzlich formlos wirksam

II. Ausnahmsweise Formbedürftigkeit
1. Von Gesetzes wegen
   Bei Formmangel Nichtigkeit (§ 125 S. 1 BGB)
2. Durch Rechtsgeschäft bestimmt
   Bei Formmangel im Zweifel Nichtigkeit (§ 125 S. 2 BGB)

III. Funktion des Formerfordernisses
1. Beweisfunktion
   Klarheit über Inhalt und Verfahren eines Geschäfts
2. Warnfunktion
   Schutz insbesondere unerfahrener Geschäftspartner vor übereilten und unüberlegten Vertragsschlüssen
3. Beratungsfunktion
   Juristische Aufklärung über die Auswirkungen eines bedeutsamen Geschäfts

IV. Formerfordernisse im Einzelnen
1. Schriftform
   Erstellen einer Urkunde mit eigenhändiger Unterschrift (§ 126 Abs. 1 BGB)
2. Öffentliche Beglaubigung
   Zusätzliches Überprüfen der Identität des Ausstellers durch einen Notar (§ 129 Abs. 1 BGB)
3. Notarielle Beurkundung
   Umfangreiche Formalitäten einschließlich Beratung durch einen Notar (§ 128 BGB)

V. Falllösungen

Vertiefende Literatur

Boecken, S. 264 ff.; *Bork*, S. 404 ff.; *Brehm*, S. 201 ff.; *Brox/Walker*, S. 133 ff.; *Faust*, S. 75 ff.; *Köhler*, S. 175 ff.; *Larenz/Wolf*, S. 482 ff.; *Leipold*, S. 222 ff.; *Medicus*, S. 248 ff.; *Pawlowski*, S. 198 ff.; *Rüthers/Stadler*, S. 319 ff.; *Schack*, S. 101 ff. *Schapp/Schur*, S. 216 ff.; *Schwab/Löhnig*, S. 231 ff.; *Wörlen/Metzler-Müller*, S. 146 ff. 294

Grundlegende Rechtsprechung

- Arglistiger Einwand der Formnichtigkeit („Edelmannswort") – *RGZ 117, 121* 295
- Zusammenhang von Formzweck und Verpflichtungsinhalt (Bestimmtheit einer Bürgschaftserklärung) – *BGH NJW 1989, 1484*
- Eine „Oberschrift" über dem Urkundentext ist keine Namensunterschrift – *BGH NJW 1991, 487*

- Funktion des Schriftformerfordernisses bei der Bürgschaft gem. § 766 S. 1 BGB – *BGH NJW 1996, 1467*
- Anforderungen an das Schriftformerfordernis gem. § 126 BGB („zusammengesetzte" Urkunde) – *BGH NJW 1998, 58*

I. Grundsatz der Formfreiheit

296 Grundsätzlich sind Rechtsgeschäfte **formlos** wirksam, d.h. die Wahl des Erklärungsmittels ist frei, sie können beispielsweise mündlich, schriftlich, per E-Mail oder durch schlüssiges Verhalten vorgenommen werden. Auf diese Weise soll ein möglichst einfacher Ablauf des Rechtsverkehrs gewährleistet werden.

II. Ausnahmsweise Formbedürftigkeit

1. Von Gesetzes wegen

297 Für einzelne, regelmäßig in irgendeiner Weise besonders bedeutsame oder riskante Geschäfte sieht das Gesetz jedoch ausnahmsweise die **Formbedürftigkeit** vor.

Beispiel Ein Wohnraummietvertrag muss schriftlich gekündigt (§ 568 Abs. 1 BGB), ein Bürgschaftsvertrag schriftlich abgeschlossen werden (§ 766 S. 1 BGB). Ein Grundstückskaufvertrag bedarf der notariellen Beurkundung (§ 311b Abs. 1 S. 1 BGB), gleiches gilt für ein Schenkungsversprechen (§ 518 Abs. 1 S. 1 BGB).

298 Wird die gesetzlich vorgeschriebene Form nicht eingehalten, ist das Rechtsgeschäft **nichtig** (§ 125 S. 1 BGB). In seltenen Fällen ermöglicht das Gesetz eine so genannte **Heilung** des Formmangels dadurch, dass die eigentlich formbewehrte Verpflichtung von dem jeweiligen Schuldner erfüllt wird. Der Vertrag wird so zumindest noch nachträglich wirksam. Dies erscheint deshalb gerechtfertigt, weil das Formerfordernis seine Bedeutung verliert, wenn die mit ihm abgesicherte Pflicht tatsächlich erfüllt worden ist.

Beispiel: Bei Bürgschaftsvertrag (§ 766 S. 3 BGB), Grundstückskaufvertrag (§ 311b Abs. 1 S. 2 BGB) und Schenkungsversprechen (§ 518 Abs. 2 BGB) gibt es solche Heilungsmöglichkeiten.

2. Durch Rechtsgeschäft bestimmt

299 Die Parteien eines Rechtsgeschäfts können freilich auch selbst bestimmen, dass dieses nur wirksam sein soll, wenn bestimmte Formalien eingehalten werden.

Beispiel Der Abschluss eines hochkomplexen Unternehmenskaufvertrags oder die Inanspruchnahme einer Garantie im Außenhandelsverkehr kommen schon wegen ihrer wirtschaftlichen Bedeutung selten ohne genau festgelegte Formerfordernisse aus.

300 Wird die durch Rechtsgeschäft vereinbarte Form nicht beachtet, ist die Rechtsfolge etwas weniger streng, das betreffende Geschäft ist nur **im Zweifel** nichtig (§ 125 S. 2 BGB). Entscheidend dafür ist der durch Auslegung zu ermittelnde Zweck der vereinbarten Form nach dem Willen der Parteien.

Fall 33 301

Kunigunde hat im Internet noch ein anderes Unternehmen entdeckt, das Flugzeuge vermietet, und bei dem sie hofft, endlich an einen brauchbaren Flieger zu gelangen. Eifrig druckt sie alle erforderlichen Formulare aus und trägt ihre Daten ein. Statt allerdings den ganzen Berg an Unterlagen wie gefordert per Einschreiben zu verschicken, sendet sie ihn als Päckchen, weil dies deutlich günstiger war. Etwas später, aber gleichwohl unversehrt kommt ihr Antrag bei dem Vermietungs-Unternehmen an.

Ist ihr Angebot wirksam? *Lösung Rn. 314*

III. Funktion des Formerfordernisses

Dass durch Gesetz oder Parteivereinbarung bestimmte Formerfordernis für einzelne 302 Rechtsgeschäfte kann verschiedenen Zwecken dienen, von denen im konkreten Fall einer oder auch mehrere parallel verfolgt werden.

1. Beweisfunktion

In den meisten Fällen dient das Formerfordernis dazu, **Klarheit** über Inhalt und Verfah- 303 ren bei einem Geschäft zu schaffen, um künftige Streitigkeiten zu vermeiden. Gerade bei komplizierten Sachverhalten hat die Schriftform oder dergleichen gegenüber bloß mündlichen Vereinbarungen den Vorteil, **dauerhaft** und **leichter nachprüfbar** zu sein.

2. Warnfunktion

Insbesondere bei finanziell umfangreichen und möglicherweise riskanten Geschäften 304 soll ein unerfahrener Geschäftspartner vor dem **übereilten** und **unüberlegten** Vertragsschluss gewarnt werden. Gekoppelt mit Informationspflichten sind Formerfordernisse heutzutage eine tragende Säule des Verbraucherschutzes geworden.

Beispiel

In der Praxis zeigt sich nur allzu oft, dass Bürgschaften von Banken als „Kleinigkeit" dargestellt und daher von Kunden viel zu schnell übernommen werden, ohne sich klar zu machen, dass im Sicherungsfall der Bürge mit seinem eigenen Vermögen für die gesamte Verbindlichkeit des Hauptschuldners einstehen muss (vgl. § 765 BGB). Siehe daneben auch die Formalitäten für Garantien beim Verbrauchsgüterkauf (vgl. § 477 BGB).

3. Beratungsfunktion

Mittels der bei notarieller Beurkundung vorzunehmenden Beratung soll **juristisch** über 305 die Auswirkungen eines bedeutsamen Geschäfts **aufgeklärt** werden (vgl. §§ 128 BGB, 17 BeurkG).

IV. Formerfordernisse im Einzelnen

Während rechtsgeschäftliche Formerfordernisse von den Parteien frei gewählt werden 306 können, sind die gesetzlichen abschließend geregelt.

1. Schriftform

307 Das einfachste Formerfordernis ist die Schriftform (§ 126 Abs. 1 BGB). Es muss in diesem Fall eine Urkunde, d.h. eine schriftliche Verkörperung einer Erklärung, erstellt und vom Aussteller eigenhändig mit Namen unterschrieben werden. Die Unterschrift muss den Text räumlich abschließen.

308 Mit kleinen Änderungen beruhen auch die elektronische (§ 126a BGB) oder die Textform (§ 126b BGB) auf der einfachen Schriftform. Unter gewissen Erleichterungen gelten diese Vorschriften auch für die von den Parteien vereinbarte Schriftform (§ 127 BGB).

309 **Fall 34**

Diethelm hat leider auch von seiner neuen Wohnung bereits genug. Hannibal fühlt sich sichtlich unwohl und mag noch nicht einmal mehr an den Vorhängen knabbern. Höchste Zeit also, auszuziehen. Diesmal will Diethelm alles richtig machen und damit alles flott geht (die Zeit drängt mal wieder), kündigt er mittels Telegramm.

Kann Diethelms Vermieter weiterhin Zahlung der Miete verlangen?

Abwandlung: Wie wäre der Fall zu beurteilen, wenn Diethelm stattdessen per E-Mail gekündigt hätte?

Lösung Rn. 315

2. Öffentliche Beglaubigung

310 Bei der strengeren öffentlichen Beglaubigung (§ 129 Abs. 1 S. 1 BGB) muss die Erklärung schriftlich abgefasst und die Unterschrift von einem Notar beglaubigt werden. Die Beglaubigung bezieht sich hier nur auf die Unterschrift, d.h. die **Identität** des Ausstellers, nicht auf den Erklärungsinhalt (vgl. § 40 BeurkG). Sie dient dem Beweis der Echtheit der Urkunde.

3. Notarielle Beurkundung

311 Im Falle einer notariellen Beurkundung (§ 128 BGB) wird die Erklärung nach **Beratung** durch den Notar diesem gegenüber abgegeben, niedergeschrieben, dem Erklärenden vorgelesen, von ihm genehmigt und unterschrieben, sowie schließlich auch vom Notar unterzeichnet (vgl. §§ 8 ff., insbesondere 13 BeurkG). Dies kann für Angebot und Annahme eines Vertrags auch nacheinander geschehen.

312 **Fall 35**

Diethelm will jetzt endlich „richtig einsteigen" und für seinen zukünftigen Kleintierzoo ein eigenes Grundstück erwerben. Er schließt deshalb mit seinem Arbeitgeber Direktor Oppelsheimer einen schriftlichen Kaufvertrag über ein malerisches Fleckchen Land ab. Auf den Hinweis des mittlerweile rechtlich versierten Diethelm, dass es doch wohl notwendig sei, einen Notar hinzuzuziehen, reagiert Oppelsheimer ungehalten: „Junger Mann! Wenn Sie mal wie ich vierzig Jahre im Geschäft sind, dann müssten Sie wissen, dass meine Unterschrift mindestens genauso viel wert ist wie ein notarieller Vertrag. Ich komme immer allen meinen Verpflichtungen nach, egal ob schriftlich, mündlich oder in sonst irgendeiner Weise!" Diethelm gibt sich damit zu-

> frieden. Leider will Direktor Oppelsheimer zwei Wochen später nichts mehr von dem Verkauf wissen.
>
> Kann Diethelm von Oppelsheimer dennoch die Übereignung des Grundstücks verlangen?
>
> *Lösung Rn. 318*

Als **strengste** Formvorschrift kann die notarielle Beurkundung sowohl die einfache Schriftform (§ 126 Abs. 4 BGB) als die auch öffentliche Beglaubigung (§ 129 Abs. 2 BGB) ersetzen. **313**

V. Falllösungen

▶ Fall 33 ◀ *(Rn. 301, Gewillkürte Schriftform)*

Kunigundes Angebot könnte unwirksam sein, weil sie die Formbestimmung des Vermietungs-Unternehmens nicht eingehalten hat, die Unterlagen per Einschreiben zu schicken. **314**

Nach der **materiellen Auslegungsregel** in § 125 S. 2 BGB ist ein Rechtsgeschäft, bei dem ein seitens der Parteien festgelegte Formerfordernis nicht eingehalten worden ist, im Zweifelsfall nichtig. Demgegenüber ist aber die **regelmäßige Auslegung vorrangig**, nur wenn danach Zweifel verbleiben, gilt die gesetzliche Vermutungsregel. Zweck des Formerfordernisses war hier, sicherzustellen, d.h. zu beweisen, dass die angeforderten Unterlagen der Interessenten dem Unternehmen zugeschickt worden sind. Wenn diese aber unstreitig tatsächlich zugegangen sind, hat es keine Bedeutung mehr, dass dabei die vereinbarte Form nicht eingehalten wurde (vgl. die oben erwähnten Heilungsvorschriften). Kunigundes Angebot ist demnach wirksam.

▶ Fall 34 ◀ *(Rn. 309, Gesetzliche Schriftform)*

Sein Vermieter könnte gem. § 535 Abs. 2 BGB Mietfortzahlung verlangen, wenn Diethelm nicht wirksam gekündigt hätte. **315**

Die Kündigung ist zwar zugegangen (§ 130 Abs. 1 S. 1 BGB), könnte aber **formunwirksam** sein (§ 125 S. 1 BGB), da ein Mietvertrag über Wohnraum gem. § 568 Abs. 1 BGB nur schriftlich gekündigt werden kann. Im Falle solch einer gesetzlich vorgeschriebenen Schriftform verlangt § 126 Abs. 1 BGB, dass die betreffende Urkunde vom Aussteller **eigenhändig** unterzeichnet wird.

Diethelm kündigt hier per **Telegramm**. Das Telegramm, das er aufgibt, trägt zwar Diethelms Unterschrift, es geht aber selbst nicht zu, sondern verbleibt beim Aufgabepostamt. Auf dem von dort abgesendeten Telegramm, das Diethelms Vermieter zugeht, befindet sich indessen nicht Diethelms eigenhändige Unterschrift. Er hat den Mietvertrag also nicht wirksam gekündigt, sein Vermieter kann weiterhin Zahlung verlangen. **316**

Abwandlung: Eine E-Mail enthält freilich auch keine eigenhändige Unterschrift, die elektronische Form kann aber grundsätzlich die gesetzliche Schriftform ersetzen (§ 126 **317**

Abs. 3 BGB). Voraussetzung ist dann gem. § 126a Abs. 1 BGB allerdings eine **„qualifizierte elektronische Signatur** nach dem Signaturgesetz", die eine sichere Authentifizierung des Versenders ermöglicht (vgl. § 2 Nr. 3 Signaturgesetz). Im Sachverhalt finden sich keinerlei Anhaltspunkte, dass Diethelm ein entsprechendes Verfahren verwendet hat, seine Kündigung ist daher auch hier unwirksam.

▶ Fall 35 ◀ *(Rn. 312, Notarielle Beurkundung)*

318 Diethelm könnte einen Anspruch auf Übereignung des Grundstücks gegen Oppelsheimer aus § 433 Abs. 1 S. 1 BGB haben. Ein Grundstückskaufvertrag bedarf jedoch der **notariellen Beurkundung** (§§ 311b Abs. 1 S. 1, 128 BGB), an der es hier fehlt. Damit wäre der Vertrag an sich gem. § 125 S. 1 BGB nichtig.

319 Nach h.M. ist nach **Treu und Glauben** (§ 242 BGB) kein Berufen auf Nichtigkeit möglich, wenn dies zu „schlechthin untragbaren Ergebnissen" führen würde. Daran wäre hier zu denken, weil Oppelsheimer Diethelm durch sein Vorverhalten gerade dazu gebracht hat, auf die notarielle Beurkundung zu verzichten. Problematisch ist an der Korrektur der eindeutigen Formvorschriften durch Billigkeitserwägungen allerdings, dass auf diese Weise die **Rechtssicherheit** gefährdet wird, weil dies im Einzelfall zu inkonsistenten Ergebnissen führen könnte.

320 Im vorliegenden Fall kommt es darauf aber ohnehin nicht an, weil Diethelm laut Sachverhalt wusste, dass der Kaufvertrag formbedürftig war, er es aber dennoch unterlassen hat, dem Genüge zu tun. Wer jedoch einen Formmangel kennt, wird nicht geschützt, wenn er ihn **wissentlich** in Kauf nimmt. Der Vertrag ist damit formunwirksam, Diethelm hat keinen Anspruch auf Übereignung des Grundstücks.

321 Eine **Heilung** nach § 311b Abs. 1 S. 2 BGB kommt nicht in Betracht, da für die Auflassung gem. § 925 Abs. 1 S. 1 BGB die Einigung beider Parteien notwendig ist, was Diethelm nicht gegen den Willen Oppelsheimers bewerkstelligen kann.

322 Nicht gefragt, aber denkbar ist freilich ein Anspruch Diethelms gegen Oppelsheimer aus **culpa in contrahendo** gem. §§ 311 Abs. 2 Nr. 2, 241 Abs. 2, 280 Abs. 1 BGB auf Ersatz eines etwaigen Schadens, der ihm dadurch entstanden ist, dass er auf die ursprüngliche Aussage Oppelsheimers vertraut und entsprechend anderweitig disponiert, beispielsweise eine (nun etwas verfrühte) Bestellung von Gehegen und weiterem Baumaterial für seinen geplanten Kleintierzoo getätigt hat.

▷ *Da das Verhältnis von Formnichtigkeit und Treu und Glauben (Strenge contra Gerechtigkeitserwägungen) im Einzelnen durchaus umstritten ist, kann hier bei entsprechender Argumentation der Grundstückskaufvertrag auch als gültig angesehen werden.*

Kapitel 8
Unzulässige Rechtsgeschäfte

Übersicht

I. Gesetzlich verbotene Rechtsgeschäfte 323
Nichtigkeit eines Rechtsgeschäfts, das gegen ein Verbotsgesetz gem. § 134 BGB verstößt

1. Gesetz
   Sämtliche Gesetze im weiteren Sinn
2. Auslegung im Einzelfall
   Nur wenn das Gesetz inhaltlich die Nichtigkeit verlangt
3. Rechtsfolge
   Nichtigkeit des Verpflichtungsgeschäfts, nur ausnahmsweise auch des komplementären Verfügungsgeschäfts

II. Sittenwidrige Rechtsgeschäfte
Nichtigkeit eines gem. § 138 Abs. 1 BGB sittenwidrigen Rechtsgeschäfts

1. Sittenwidrigkeit
   Verstoß gegen anerkannte moralische Anschauungen
2. Fallgruppen
   Beispielsweise Knebelungsverträge, übermäßige Gläubigersicherung oder Missbrauch einer Monopolstellung
3. Wucher
   Objektives Missverhältnis von Leistung und Gegenleistung sowie subjektives Ausnutzen einer Schwächeposition des Geschäftspartners (§ 138 Abs. 2 BGB)
4. Rechtsfolge
   Nichtigkeit des Verpflichtungsgeschäfts, seltener auch des komplementären Verfügungsgeschäfts

III. Falllösungen

Vertiefende Literatur

Boecken, S. 314 ff.; *Bork*, S. 425 ff.; *Brehm*, S. 185 ff.; *Brox/Walker*, S. 143 ff.; *Faust*, S. 84 ff.; *Köhler*, S. 185 ff.; *Larenz/Wolf*, S. 723 ff.; *Leipold*, S. 295 ff.; *Medicus*, S. 261 ff., S. 275 ff.; *Pawlowski*, S. 238 ff.; *Rüthers/Stadler*, S. 401 ff.; *Schack*, S. 85 ff.; *Schapp/Schur*, S. 224 ff.; *Schwab/Löhnig*, S. 294 ff.; *Wörlen/Metzler-Müller*, S. 156 ff. 324

Grundlegende Rechtsprechung

- Weder Gesetzes- noch Sittenverstoß bei entgeltlicher Fluchthilfe aus der ehemaligen DDR – *BGH NJW 1977, 2356* 325
- Gesetzeswidrigkeit von Schwarzarbeiterverträgen – *BGH NJW 1983, 109*
- Verhältnis von Privatautonomie und Sittenwidrigkeit (sog. „sittenwidrige Angehörigenbürgschaften") – *BGH NJW 1989, 1276*
- Wucherähnliches Geschäft gem. § 138 Abs. 1 BGB bei objektiv auffälligem Missverhältnis von Leistung und Gegenleistung – *BGH NJW 2001, 1127*
- Inhaltskontrolle von Eheverträgen – *BGH NJW 2004, 930*

I. Gesetzlich verbotene Rechtsgeschäfte

326 Gem. § 134 BGB ist ein Rechtsgeschäft nichtig, wenn es gegen ein **gesetzliches Verbot** verstößt, das im konkreten Fall seine Nichtigkeit verlangt.

1. Gesetz

327 Als Verbotsgesetz im Sinne des § 134 BGB kommen **sämtliche Normen** in Betracht, d.h. formelle Gesetze ebenso wie Rechtsverordnungen, Satzungen oder Gewohnheitsrecht.

2. Auslegung im Einzelfall

328 § 134 BGB ordnet allerdings die Nichtigkeit des betreffenden Rechtsgeschäfts **nicht ausnahmslos** an, sondern nur vorbehaltlich dessen, dass sich nicht „aus dem Gesetz ein anderes ergibt". Das Verbotsgesetz ist deshalb auszulegen: Sieht es selbst bereits Sanktionen für einen Verstoß vor, erübrigt sich die Nichtigkeitsfolge aus § 134 BGB. Weiter ist mit Blick auf den Wortlaut und Sinn und Zweck des Gesetzes insbesondere danach zu unterscheiden, ob sich das Gesetz primär **inhaltlich** gegen den Erfolg des Geschäfts richtet, wie beispielsweise das Verbot der Hehlerei in § 259 StGB, oder ob vielmehr nur die **Art und Weise** missbilligt wird, in der das Geschäft vorgenommen wird, wie dies vor allem gewerberechtliche Ordnungsvorschriften tun. Nur im ersten Fall ist eine Nichtigkeit gem. § 134 BGB anzunehmen.

329 **Fall 36**

Ulf, dessen Laden „Torture Records" ohne Elvis – der mittlerweile das kleine 1×1 des Soldaten lernt – erstaunlich gut läuft, verkauft wegen des großen Andrangs regelmäßig Schallplatten auch noch nach 0.00 Uhr.

Sind die betreffenden Kaufverträge mit Blick auf die üblichen Geschäftsöffnungszeiten unwirksam?

Lösung Rn. 346

330 Zu beachten ist schließlich, ob sich das Verbot nur gegen **eine Partei** des Geschäfts richtet, so dass es in der Regel trotz Verstoßes gültig bleibt, vor allem wenn das Gesetz selbst schon ausreichende Schutzmechanismen enthält. Sind von dem Verbot dagegen **beide Parteien** betroffen, wird das Geschäft üblicherweise nichtig sein, so beispielsweise im Falle einverständlicher Schwarzarbeit. Freilich geltend diese Vermutungen nicht ausnahmslos.

3. Rechtsfolge

331 Die Rechtsfolge der **Nichtigkeit** erfasst regelmäßig das **gesamte** Rechtsgeschäft, Teilnichtigkeit nur einer einzelnen Regelung ist die Ausnahme (vgl. § 139 BGB). Auch etwaige **Umgehungsgeschäfte**, die den vom Verbotsgesetz missbilligten Erfolg auf anderem Weg erreichen wollen, sind gem. § 134 BGB nichtig.

Fall 37 332

Pedro ist Betreiber von Carls Stammlokal „Los Amigos". Leider wird der Kreis der „Freunde" immer kleiner und der Umsatz lässt bald zu wünschen übrig. Pedro verfällt daher nach kurzer Zeit dem Suff. Daraufhin wird ihm wegen Trunksuchts die Erlaubnis zum Betrieb der Gaststätte entzogen. Aber Pedro hat eine pfiffige Idee: „Da verkauf' ich doch einfach die Gaststätte an den Carl, und mache als Geschäftsführer weiter!" Gesagt, getan: Carl, der Spirituosenexperte, übernimmt die Gaststätte und setzt Pedro als Geschäftsführer ein, der anschließend als Wirt weiterarbeitet.

Ist die mit Carl vereinbarte Geschäftsführerbestellung von Pedro wirksam? *Lösung Rn. 347*

Wegen des Abstraktionsgrundsatzes bleibt das dingliche **Erfüllungsgeschäft** bei Nichtigkeit des Verpflichtungsgeschäfts wirksam, es sei denn, das Verbotsgesetz richtet sich gezielt auch gegen jenes. Ist – in wohl nur seltenen Fällen – allerdings primär das Erfüllungsgeschäft nichtig, so erstreckt sich die Nichtigkeit üblicherweise auch auf das zugrundeliegende Verpflichtungsgeschäft. 333

Beispiel

Eine Vertragsbestimmung, wonach der Veräußerer eine Arztpraxis einschließlich der Daten der Patienten ohne deren ausdrückliche oder zumindest stillschweigende Einwilligung zu übertragen hat, ist als Verstoß gegen § 203 Abs. 1 Nr. 1 StGB (Verletzung von Privatgeheimnissen) sowohl hinsichtlich der Übereignung der Patientenkartei selbst als auch hinsichtlich des grundlegenden Kaufvertrags gem. § 134 BGB nichtig.

II. Sittenwidrige Rechtsgeschäfte

Ein Rechtsgeschäft, das gegen die guten Sitten verstößt, ist gem. § 138 Abs. 1 BGB nichtig. 334

1. Sittenwidrigkeit

Nach der Rechtsprechung des Reichsgerichts bezeichnet die Sittenwidrigkeit einen Verstoß gegen das „Rechts- und Anstandsgefühl aller billig und gerecht Denkenden". Gemeint sind damit die **moralischen Anschauungen**, die nach einem durchschnittlichen Maßstab in den betroffenen Verkehrskreisen anerkannt sind. 335

Die Sittenwidrigkeit eines Geschäfts kann sich aus dessen Inhalt oder einer Würdigung seiner Gesamtumstände ergeben. Maßgeblicher **Beurteilungszeitpunkt** ist derjenige, an dem das betreffende Rechtsgeschäft vorgenommen wird. Ein gewisser **Wandel der Sitten** ist – gerade bei Geschäften über einen langen Zeitraum – zu berücksichtigen, führt aber nicht automatisch zu einer anderen Bewertung. 336

Fall 38 337

Unfassbar: Agathe hat ein Verhältnis mit dem verheirateten Direktor Oppelsheimer! Aus Dank für „gewisse Stunden" vermacht ihr Oppelsheimer in seinem Testament eine Sammlung wertvoller Ming-Vasen. Es kommt, wie es kommen muss: Kurz nach dem (vermeintlichen) Abschluss der zähen Verhandlungen mit Diethelm über den Erwerb des malerischen Kleintierzoogeländes erliegt Direktor Oppelsheimer den übermenschlichen Anstrengungen.

Ist das Testament wirksam? *Lösung Rn. 349*

2. Fallgruppen

338 Im Bereich der Sittenwidrigkeit gem. § 138 Abs. 1 BGB hat sich eine Vielzahl von Fallgruppen gebildet. Erwähnenswert an dieser Stelle sind so genannte **Knebelungsverträge**, die den Schuldner in seiner wirtschaftlichen Bewegungsfreiheit stark einengen, sowie die **übermäßige Gläubigersicherung**, die den Schuldner dinglich (beispielsweise durch Sicherungsübereignung) oder schuldrechtlich (beispielsweise durch Bürgschaft) unangemessen belastet.

Allerdings kann über den jeweiligen Geschäftspartner hinaus auch gegenüber der Allgemeinheit ein Sittenverstoß vorliegen, so beispielsweise wenn eine **wirtschaftliche Monopolstellung** übermäßig ausgenutzt wird oder gemeinschafts- und standesrechtliche Regeln verletzt werden.

339 **Fall 39**

Vor zehn Jahren hatte sich Pedro von der Brauerei Querdinger ein zinsloses Renovierungsdarlehen in Höhe von € 100 000 und verschiedene Einrichtungsgegenstände gewähren lassen, wofür er sich im Gegenzug zur ausschließlichen Abnahme von „Querdinger Weißbier" auf die Dauer von dreißig Jahren verpflichtete. Carl als neuer Betreiber der Gaststätte erhält nun ein verlockendes Angebot der Brauerei „Rex's", mit der er viel lieber einen neuen Lieferungsvertrag abschließen würde.

Ist Carl noch an den Vertrag mit Querdinger gebunden? (Etwaige Probleme aufgrund des Eigentümerwechsels der Kneipe sind nicht zu erörtern.)

Lösung Rn. 350

3. Wucher

340 Einen speziellen Fall der Sittenwidrigkeit bei Leistungsaustausch-Geschäften bildet der Wucher gem. § 138 Abs. 2 BGB. **Objektiv** setzt er ein **auffälliges Missverhältnis** von Leistung und Gegenleistung voraus, was bedeutet, dass der Schuldner mindestens das Doppelte des gegenwärtigen Marktpreises bezahlen müsste.

341 **Subjektiv** muss der Wucherer in irgendeiner Form die besondere **Schwächesituation** des Geschäftspartners bewusst **ausgenutzt** haben. Das Gesetz nennt beispielhaft das Ausbeuten einer Zwangslage (zwingender Bedarf nach einer Geld- oder Sachleistung), der Unerfahrenheit (Mangel an Lebens- und Geschäftserfahrung), des Mangels an Urteilsvermögen (Abwägen der Vor- und Nachteile eines Geschäfts nicht möglich) oder der erheblichen Willensschwäche (verminderte psychische Widerstandskraft).

342 **Fall 40**

Igor bearbeitet gerade ausnahmsweise mal einen Briefkasten mit seiner Motorsäge. Nachdem ihn ein freundlicher Vertreter des BretzelmannClubs eine Weile bei seinem neuesten Werk beobachtet hat, unterbreitet er Igor ein „unübertrefflich günstiges" Angebot über das Standardwerk „An outline grammar of the Dafla language as spoken by the tribes immediately south of the Apa Tanang Country" für nur € 399, 95. Igor kauft es unbesehen, obwohl er kein Englisch kann.

Ist der Vertrag wirksam?

Lösung Rn. 353

4. Rechtsfolge

Prinzipiell gelten bei § 138 BGB dieselben Grundsätze wie im Falle des § 134 BGB, d.h. regelmäßig ist das betreffende **Verpflichtungsgeschäft** in seinem gesamten Umfang nichtig, das **Verfügungsgeschäft** nur dann, wenn der Sittenverstoß gerade in der Erfüllung der Verpflichtung liegt. 343

Beim Wucher gem. § 138 Abs. 2 BGB sind allerdings Verpflichtungs- **und** Verfügungsgeschäft nichtig („eine Leistung [...] gewähren lässt"). 344

Fall 41 345

Diethelm hat nun zwar keine Wohnung mehr, dafür aber endlich ein geeignetes Zoogelände. Eifrig bestellt er Gehege, Volieren, Pflastersteine und was man sonst noch so alles für den Zoobetrieb braucht. Allerdings benötigt Diethelm bald vor allem eines: Geld. Viel Geld. Da es auch noch schnell gehen muss, wendet er sich an die vertrauenserweckende Kreditagentur Saubermann und Söhne, wo er sogleich einen günstigen Kredit über € 20 000 zu einem effektiven Jahreszins von nur 22 % erhält.

Ist der Vertrag wirksam? Bestehen Rückabwicklungsansprüche zwischen den Parteien?

Lösung Rn. 354

III. Falllösungen

▶ Fall 36 ◀ *(Rn. 329, Verbotsgesetz)*

Die zu so später Stunde abgeschlossenen Kaufverträge könnten gem. § 134 BGB nichtig sein, weil sie gegen § 3 S. 1 Nr. 2 des (Bundes-) Ladenschlussgesetzes verstoßen, wonach Verkaufsstellen ab 20 Uhr für den Kundenverkehr geschlossen sein müssen. 346

Allerdings soll diese Vorschrift nicht den Abschluss von Kaufverträgen an sich ausschließen, sondern primär Arbeitnehmer vor unangemessenen Arbeitszeiten schützen. Die Verletzung einer solchen, bloßen **Ordnungsvorschrift** hat daher keine Nichtigkeit gem. § 134 BGB zur Folge.

Die meisten Ladenschlussgesetze der Länder enthalten mittlerweile ohnehin eine so genannte „6×24"-Regelung, d.h. die Geschäfte müssen prinzipiell nur noch am Sonntag geschlossen bleiben.

▶ Fall 37 ◀ *(Rn. 332, Umgehungsgeschäft)*

Die Geschäftsführerbestellung von Pedro könnte gegen § 134 BGB verstoßen. 347

Wer eine Gaststätte betreiben will, braucht gem. § 2 Abs. 1 GastG eine Erlaubnis. Diese wiederum ist gem. § 4 Abs. 1 Nr. 1 zu versagen, wenn der Betreiber nicht zuverlässig genug erscheint, insbesondere wenn er „dem Trunke ergeben ist". Aus eben diesem Grunde war Pedro die Betriebserlaubnis entzogen worden.

348 Dürfte er nun nach dem Eigentümerwechsel als Wirt das Lokal praktisch wie bisher weiterführen, so würde das gesetzliche Verbot in § 4 Abs. 1 Nr. 1 GastG einfach **umgangen**. Es handelt sich dabei nicht nur um eine reine gewerbliche Ordnungsvorschrift, sondern die Regelung richtet sich **inhaltlich** dagegen, dass jemand ein Lokal führt, der der damit verbundenen Verantwortung nicht gewachsen ist (beispielsweise hinsichtlich Hygiene, Jugendschutz, Alkoholausschank, Sorge für die Gäste).

Durch die Vereinbarung zwischen Carl und Pedro wird jedoch gerade dieser Zweck der Vorschrift ausgehebelt, da sich zwar rechtlich, nicht aber praktisch die Person des Wirtes ändert. Die Geschäftsführerbestellung ist daher als Umgehungsgeschäft gem. § 134 BGB nichtig.

▶ Fall 38 ◀ *(Rn. 337, Geliebtentestament)*

349 Die Zuwendung von Oppelsheimer an Agathe im Rahmen eines Vermächtnisses (§ 1939 BGB) könnte wegen eines Verstoßes gegen die Ehe- und Familienordnung gem. § 138 Abs. 1 BGB sittenwidrig und damit nichtig sein.

Grundsätzlich besteht allerdings **Testierfreiheit** beim Abfassen letztwilliger Verfügungen. Auch wird nach mittlerweile ständiger Rechtsprechung die Zuwendung unter Partnern einer außerehelichen Liebesbeziehung nicht mehr zwingend als sittenwidrig betrachtet, auch wenn einer der Partner verheiratet war. Nur wenn die Zuwendung allein den Zweck hatte, den anderen für seine sexuellen Handlungen zu belohnen oder diese zu fördern (**„Hergabe für Hingabe"**), ist dies sittenwidrig. Seit einigen Jahren wird freilich selbst die Vornahme sexueller Handlungen gegen Entgelt als rechtswirksame Verbindlichkeit angesehen (vgl. § 1 S. 1 Prostitutionsgesetz).

Dem Sachverhalt ist zudem noch nicht einmal zu entnehmen, dass Oppelsheimer Agathe lediglich in dem letztgenannten Sinne „bezahlen" wollte, die Zuwendung verstößt damit nicht gegen § 138 Abs. 1 BGB.

▶ Fall 39 ◀ *(Rn. 339, Knebelungsvertrag)*

350 Der Bierlieferungsvertrag könnte gem. § 138 Abs. 1 BGB nichtig sein, wenn er wegen seiner langen Laufzeit von 30 Jahren als sittenwidriger Knebelungsvertrag einzustufen wäre.

351 Langfristige **Bierlieferungsverträge** sind durchaus üblich, sie bieten zunächst beiden Parteien Vorteile: Der Brauerei wird die Produktions- und Absatzplanung erleichtert, ihr kommt zudem durch die entsprechende Gestaltung des Lokals (Schilder außen, Dekoration innen, Bierdeckel etc.) ein gewisser Werbeeffekt zugute. Im Gegenzug erhält der Gaststättenbetreiber günstigere Kreditbedingungen aufgrund der Unterstützung seitens der Brauerei, daneben die notwendige Infrastruktur für sein Lokal, die selbst zu beschaffen ihm mangels ausreichender finanzieller Mittel oftmals nicht möglich wäre.

Andererseits schränkt eine **überlange Dauer** des Vertrags gerade den Lokalinhaber als den in der Regel wirtschaftlich schwächeren Partner jedoch in seiner wirtschaftlichen

Bewegungsfreiheit arg ein. Nach der gefestigten Rechtsprechung des BGH ist insofern eine Laufzeit von maximal 20, eher aber nur 15 Jahren statthaft. Darüberhinausgehende Vertragsbindungen werden als sittenwidrig gem. § 138 Abs. 1 BGB angesehen.

Rechtsfolge wäre demnach hier die Nichtigkeit des gesamten Bierlieferungsvertrags. **352**
Da es aber wenig sinnvoll und vor allem praktisch kaum möglich ist, sämtliche mit dem Vertrag verbundenen Geschäfte der vergangenen zehn Jahre rückabzuwickeln, kommt in zeitlicher Hinsicht eine **Teilnichtigkeit** analog § 139 BGB in Betracht.

Im Ergebnis ist der Bierlieferungsvertrag damit abzukürzen. Mit Blick auf die Richtwerte des BGH erschiene eine weitere Laufzeit von noch einmal fünf bis allerhöchstens zehn Jahren angemessen (vgl. BGH NJW-RR 1990, 816).

▶ Fall 40 ◀ *(Rn. 342, Wucher)*

Der Kaufvertrag über das Buch könnte wegen Wuchers gem. § 138 Abs. 2 BGB nichtig **353**
sein.

Aus Igors Verhalten lässt sich ohne Weiteres schließen, dass er sowohl unter **erheblicher Willensschwäche** leidet als auch an einem damit regelmäßig verbundenen Mangel an Urteilsvermögen. Nicht nur seine Beschäftigung mit Motorsägen, sondern auch die sofortige Annahme des Kaufangebots ohne irgendwelche Rückfragen trotz des immens hohen Preises für ein von ihm selbst wohl kaum zu verwendendes Buch sprechen dafür. Der Vertreter des BretzelmannClubs erkennt die Schwäche Igors und schließt mit ihm dennoch bewusst den Kaufvertrag ab. Eine darüber hinausgehende, besondere Ausbeutungsabsicht ist nicht notwendig.

Der Kaufvertrag ist somit gem. § 138 Abs. 2 BGB wegen Wuchers nichtig.

(Das betreffende Werk stammt aus dem Jahr 1900 und ist beispielsweise in der Universitätsbibliothek Tübingen unter der Signatur 21 A 4114 ausleihbar.)

▶ Fall 41 ◀ *(Rn. 345, Sittenwidriger Darlehenszins)*

1. Wirksamkeit des Vertrags

Der Darlehensvertrag (§ 488 BGB) könnte wegen des außergewöhnlich hohen Zinssat- **354**
zes von 22 % wegen Wuchers gem. § 138 Abs. 2 BGB nichtig sein.

Bei Krediten ist nach ständiger Rechtsprechung von einer sittenwidrig überhöhten **355**
Verzinsung auszugehen, wenn der vertraglich vereinbarte Zins **relativ um 100 %** oder **absolut um 12 Prozentpunkte** über dem marktüblichen Zins liegt. Eine Verzinsung von 22 % ist danach unzweifelhaft als sittenwidrig einzustufen.

Im Rahmen des § 138 **Abs. 2** BGB müsste die Kreditagentur Saubermann & Söhne **356**
Diethelm allerdings auch **subjektiv** „bewuchert" haben. Es kommt hier die Ausbeutung einer Zwangslage in Betracht, da Diethelm laut Sachverhalt zur Finanzierung der

Ausgaben für seinen Kleintierzoo schnell auf viel Geld angewiesen war. Ob allerdings die Kreditagentur Diethelms Zwangslage tatsächlich ausgenutzt hat, wird nicht ganz deutlich. Da auch in der Praxis der Wuchervorwurf regelmäßig gerade an dieser Stelle scheitert, weil dem Wucherer nicht nachgewiesen werden kann, dass er die Schwächesituation seines Geschäftspartners ausnutzt, sind Kreditverträge mit überhöhten Zinsen üblicherweise bereits allgemein an § 138 **Abs. 1** BGB zu messen.

Im Ergebnis ändert dies nichts: Der vorliegende Vertrag ist wegen seines Zinssatzes von 22 % sittenwidrig und damit nichtig.

2. Rückzahlungsansprüche von Saubermann

Da im Sachverhalt keine Angaben über Raten etc. enthalten sind, die Diethelm möglicherweise bereits an Saubermann geleistet hat, sind allein dessen etwaige Rückabwicklungsansprüche zu prüfen.

a) § 985 BGB

357 Weder § 138 Abs. 1, noch Abs. 2 BGB stehen einem Eigentumserwerb Diethelms an dem Geld im Rahmen des Verfügungsgeschäfts entgegen, ein Rückzahlungsanspruch aus § 985 BGB steht Saubermann daher nicht zu.

b) § 812 Abs. 1 S. 1, 1. Alt. BGB

358 Saubermann kann die € 20 000 allerdings grundsätzlich gem. § 812 Abs. 1 S. 1, 1. Alt. BGB von Diethelm zurückverlangen, weil dieser sie mangels wirksamen Darlehensvertrags durch Leistung ohne rechtlichen Grund erhalten hat.

359 Zu beachten ist freilich **§ 817 S. 2 BGB**, der die Rückforderung einer Leistung ausschließt, wenn dem Leistenden (hier: Saubermann) ein **Sittenverstoß** vorzuwerfen ist. Dass dies nach dem Wortlaut der Norm den Leistenden „gleichfalls" betrifft wie den Empfänger der Leistung (hier: Diethelm), diesem aber hier gar kein Verstoß im Sinne des § 817 S. 1 BGB zur Last zu legen ist, führt nicht zu Problemen. Liegt nämlich nur ein Verstoß des leistenden Saubermann vor, muss die Regel in § 817 S. 2 BGB **erst recht** gelten.

360 Allerdings darf Diethelm das Geld nicht einfach behalten, denn die Sittenwidrigkeit wurzelt nur in dem **überhöhten Zinssatz** und nicht in dem Darlehen über € 20 000 an sich. Von Anfang an war ihm die Summe nur zur **zeitweiligen Nutzung** überlassen worden, wie es in der Natur des Darlehens liegt (vgl. § 488 Abs. 1 S. 2 BGB). Auf einen eventuellen Wegfall der Bereicherung (§ 818 Abs. 3 BGB) könnte sich Diethelm daher auch nicht berufen (vgl. § 819 Abs. 1 BGB). Der – wenngleich nichtige – Darlehensvertrag bleibt somit dergestalt von Bedeutung, dass Diethelm die € 20 000 in dem vertraglich vereinbarten zeitlichen Rahmen zurückzahlen muss.

Darlehenszinsen muss er jedoch keine zahlen, sie stehen Saubermann weder aufgrund des nichtigen Darlehensvertrags, noch als Wertersatz gem. § 818 Abs. 1, 2 BGB zu, weil diesem auch § 817 S. 2 BGB entgegensteht.

Kapitel 9

Willensmängel und Anfechtung

Übersicht

I. Nichtigkeitsgründe 361
Bewusste Abweichungen des tatsächlichen vom geäußerten Willens führen regelmäßig zur Nichtigkeit der Erklärung (§§ 116 ff. BGB)

II. Irrtum
1. Irrtum bei der Willensbildung
   a) Eigenschaftsirrtum
      Ausnahmsweise beachtlicher Motivirrtum über eine verkehrswesentliche Eigenschaft einer Person oder Sache (§ 119 Abs. 2 BGB)
   b) Arglistige Täuschung oder Drohung
      aa) Arglistige Täuschung
          Bewusstes Hervorrufen eines Irrtums wider besseres Wissen (§ 123 Abs. 1, 1. Alt. BGB), bei Handeln Dritter Zurechnung nötig (§ 123 Abs. 2 BGB)
      bb) Drohung
          Inaussichtstellen eines künftigen Übels (§ 123 Abs. 1, 2. Alt. BGB)
2. Irrtum bei der Willensäußerung
   a) Erklärungsirrtum
      Erklärender irrt sich bei der Erklärungshandlung (§ 119 Abs. 1, 2. Alt. BGB)
   b) Inhaltsirrtum
      Erklärender irrt sich über die Bedeutung oder Tragweite seiner Erklärung (§ 119 Abs. 1, 1. Alt. BGB)
   c) Falsche Übermittlung
      Erklärung wird von einem Dritten unbewusst falsch weitergegeben (§ 120 BGB)
3. Rechtsfolge
   Anfechtbarkeit der auf dem Irrtum etc. beruhenden Willenserklärung

III. Anfechtung
Nach Auslegung möglich bei Abweichung des subjektiv Gewollten vom objektiv Erklärten
1. Anfechtungserklärung
   Einseitige, empfangsbedürftige, konkludent mögliche Willenserklärung gegenüber dem Anfechtungsgegner (§ 143 Abs. 1 BGB)
2. Anfechtungsgrund
   Einer der genannten Irrtümer, arglistige Täuschung oder Drohung
3. Anfechtungsfrist
   Üblicherweise unverzüglich (§ 121 Abs. 1 S. 1 BGB), ausnahmsweise ein Jahr (§ 124 Abs. 1 BGB)

IV. Rechtsfolgen der Anfechtung
1. Nichtigkeit
   Wirksam angefochtene Willenserklärung wird rückwirkend (ex tunc) nichtig (§ 142 Abs. 1 BGB)
2. Schadensersatzpflicht
   Bei Irrtümern etc. Ersatz eines Vertrauensschadens, maximal in Höhe des Erfüllungsinteresses (§ 122 Abs. 1 BGB)

V. Falllösungen

Vertiefende Literatur

362 *Boecken,* S. 300 ff., S. 359 ff.; *Bork,* S. 306 ff.; *Brehm,* S. 132 ff.; *Brox/Walker,* S. 163 ff.; *Faust,* S. 153 ff.; *Köhler,* S. 62 ff.; *Larenz/Wolf,* S. 642 ff.; *Leipold,* S. 238 ff.; *Medicus,* S. 240 ff., S. 298 ff.; *Musielak,* S. 151 ff.; *Pawlowski,* S. 218 ff., S. 262 ff.; *Rüthers/Stadler,* S. 341 ff.; *Schack,* S. 73 ff., 90 ff., 96 ff.; *Schapp/Schur,* S. 183 ff.; *Schwab/Löhnig,* S. 256 f., S. 266 ff.; *Wörlen/Metzler-Müller,* S. 114 ff.

Grundlegende Rechtsprechung

363
- Unerheblichkeit des Verschuldens beim Irrtum – *RGZ 62, 202*
- Verhältnis von Anfechtung wegen Eigenschaftsirrtums und Sachmängelgewährleistung – *BGH NJW 1961, 772*
- Arglistige Täuschung mangels Aufklärung seitens des Mieters über außergewöhnliche Umstände („Thor Steinar") – *BGH NJW 2010, 3362*
- Unbeachtlichkeit sogar eines vom Erklärungsempfänger erkannten Kalkulationsirrtums – *BGH NJW 1998, 3192*
- Erklärungsirrtum bei falscher Kaufpreisauszeichnung im Internet – *BGH NJW 2005, 976*

364 Von einem **Willensmangel** spricht man, wenn der durch Auslegung festgestellte objektive Inhalt einer Willenserklärung vom tatsächlichen Willen des Erklärenden **abweicht**.

Das Gesetz enthält eine Vielzahl von Tatbeständen, auf denen eine solche Divergenz beruhen kann. Die erste und folgenreichste Unterscheidung ergibt sich daraus, ob es sich um **bewusste** oder um **unbewusste** Inhaltsabweichungen handelt. Der erste Fall kann regelmäßig bereits zur Nichtigkeit der betreffenden Willenserklärung führen, im zweiten Fall kann der Erklärende seine eigene Willenserklärung üblicherweise anfechten und dadurch ihre Nichtigkeit herbeiführen.

I. Nichtigkeitsgründe

365 Der **geheime Vorbehalt**, etwas anderes als das Erklärte zu wollen, ist **unbeachtlich** (§ 116 S. 1 BGB), denn solange sich entsprechende Gedanken allein im „forum internum" abspielen, sind darauf fußende Abweichungen schlichtweg nicht festzustellen.

366 Indessen ist eine Erklärung **nichtig**, wenn deren Empfänger den Vorbehalt **kennt** (§ 116 S. 2 BGB). Der Vorbehalt ist dann streng genommen eben nicht mehr geheim und der Empfänger nicht mehr schutzwürdig in Bezug auf das eigentlich objektiv Erklärte.

367 Dieselben Überlegungen gelten für empfangsbedürftige Willenserklärungen im Zusammenhang mit einverständlich vorgenommenen **Scheingeschäften** (§ 117 Abs. 1 BGB), deren gesetzlich eigentlich vorgesehenen Rechtsfolgen nach dem Willen des Erklärenden gar nicht eintreten sollen, und **Scherzerklärungen**, die der Erklärende auch lediglich als nicht ernstgemeint aufgefasst wissen wollte (§ 118 BGB). In beiden Fällen sind die betreffenden Willenserklärungen **nichtig**.

Bei Scheingeschäften kann allerdings ein anderes, von ihm **verdecktes Rechtsgeschäft** wirksam sein, wenn dessen Gültigkeitsvoraussetzungen erfüllt sind (§ 117 Abs. 2 BGB).

Fall 42 368

Direktor Oppelsheimer ist gar nicht tot! Ungeahnte medizinische Fortschritte konnten sein Leben in der buchstäblich letzten Sekunde noch retten. Gerade einmal notdürftig genesen, anscheinend aber innerlich geläutert, macht sich Oppelsheimer daran – ohne einen weiteren Gedanken an seine verstaubten Ming-Vasen zu verschwenden – mit Diethelm den Vertrag über das Kleintierzoogelände noch einmal nachzuverhandeln. Die beiden waren und sind sich zwar über den Kaufpreis von € 10 000 einig, um aber zumindest bei den Grunderwerbssteuern und den Notargebühren ein wenig sparen zu können, lassen sie nur einen Kaufpreis von € 5000 beurkunden. Bevor nun Diethelm endlich und endgültig Kleintierzoogrundstückseigentümer geworden ist, verlangt Oppelsheimer von ihm wie ausgemacht Zahlung von € 10 000.

Mit Recht? *Lösung Rn. 415*

II. Irrtum

Von größerer klausurpraktischer Bedeutung sind die Fälle, in denen der Erklärende **unbewusst** einen von seinem tatsächlichen Willen abweichenden Inhalt äußert, mit anderen Worten: Situationen, in denen er sich irrt. Das Gesetz unterscheidet eine Reihe von Ursachen für einen solchen Irrtum, abhängig vor allem davon, **wann** der Irrtum entsteht. 369

1. Irrtum bei der Willensbildung

Der Erklärende kann sich irren, indem er seinen Willen bereits auf einer **falschen Grundlage** bildet. Auf die nachfolgende Äußerung dieses irrtümlich gebildeten Willens kommt es dann nicht weiter an. 370

a) Eigenschaftsirrtum

Wenn der Erklärende zwar eine subjektiv und objektiv übereinstimmende Erklärung abgibt, aber von falschen Voraussetzungen ausgeht, die für seinen konkreten Geschäftswillen maßgeblich sind, liegt ein so genannter **Motivirrtum** vor. Dieser ist grundsätzlich **unbeachtlich**, da der Erklärende andernfalls die Möglichkeit erhielte, jedes Geschäft, das ihm in irgendeiner Weise dem Ergebnis nach nicht mehr passt, allein mit der – zudem von außen nicht nachprüfbaren – Behauptung anzufechten, er habe sich über für ihn wesentliche Umstände geirrt. 371

Irren sich **beide** Parteien über Aspekte, die zwar nicht Vertragsinhalt geworden sind, diesen aber maßgeblich beeinflusst haben, ist an eine **Anpassung** zu denken (vgl. § 313 Abs. 1, 2 BGB), oder, wenn dies nicht möglich sein sollte, an einen **Wegfall der Geschäftsgrundlage** (§ 313 Abs. 3 BGB). 372

Fall 43 373

Agathe beschließt, sich durch eine Bonsai-Zucht eine Nebenerwerbsquelle zu eröffnen, da sie meint, dass dies als „Neuartige Methode gegen das Waldsterben" von der Bundesregierung bezuschusst wird. Sie erwirbt deshalb 500 Setzlinge in der Baumschule Ting-Lao. Nach erfolgversprechender Anzucht muss sie leider erfahren, dass das Interesse der Bundesregierung an ihrer Bonsai-Farm vergleichsweise gering ist.

Kann Agathe ihre Willenserklärung aus dem Kaufvertrag anfechten? *Lösung Rn. 419*

374 Ausnahmsweise beachtlich ist allein der Irrtum über eine **verkehrswesentliche Eigenschaft** (§ 119 Abs. 2 BGB). Es sind dies Merkmale einer Person oder Sache, die auf deren natürlicher Beschaffenheit beruhen oder tatsächliche und rechtliche Beziehungen zur Umwelt, die für ihre Wertschätzung oder Verwendbarkeit im Zusammenhang mit dem betreffenden Rechtsgeschäft von Bedeutung sind.

Beispiel

Verkehrswesentliche Eigenschaften von **Personen** sind u.a. Alter, Geschlecht, Sachkunde oder Zuverlässigkeit. Bei **Sachen** sind alle unmittelbar wertbildenden Faktoren relevant, beispielsweise Qualität, Maße, Gewicht, Material, Alter, auch Lage oder Bebaubarkeit eines Grundstücks.

375 **Fall 44**

Inzwischen an Geschwindigkeiten jenseits der 300 km/h gewöhnt, verkauft Carl einen seiner älteren Sportwagen, einen Mercedes 300 SL, Baujahr 1964, für dummerweise nur € 100 000, weil er fälschlich davon ausgegangen ist, es handele sich um ein weniger gefragtes Modell des Baujahres 1968. Nachdem ihn der glückliche Käufer über seinen Irrtum aufklärt, ärgert sich Carl „ein wenig".

Kann Carl seine Willenserklärung aus dem Kaufvertrag anfechten? *Lösung Rn. 421*

376 Der **Preis** oder Wert selbst ist dagegen gerade **keine** Eigenschaft, denn er bildet lediglich die Summe der Eigenschaften ab, die von der Bewertung durch den Markt abhängig ist.

377 **Fall 45**

Direktor Oppelsheimer hat mittlerweile Gefallen am Immobilienhandel gefunden und verkauft deshalb an Carl ein schön ebenes Grundstück für € 1000 pro m^2, auf dem Carl sein Weinlager vergrößern möchte. Zufrieden die Hände reibend glaubt Oppelsheimer, ein besonders gutes Geschäft gemacht zu haben. Kurz darauf erfährt er jedoch, dass er gut und gerne € 1200 pro m^2 hätte verlangen können. Zum Glück sind die Herztabletten in Reichweite.

Kann Oppelsheimer seine Willenserklärung aus dem Kaufvertrag anfechten? *Lösung Rn. 422*

b) Arglistige Täuschung oder Drohung

378 In besonderer Weise wird die **Entschließungsfreiheit** des Erklärenden geschützt: Wenn sein Willen durch eine arglistige Täuschung oder eine widerrechtliche Drohung beeinflusst worden ist, kann er ebenfalls anfechten (§ 123 Abs. 1 BGB).

Dies ist auch gerechtfertigt, da der Erklärende sich hier noch nicht einmal „von sich aus" irrt, sondern erst eine gezielte Einwirkung von außen dazu führt. Praktisch sind solcherart Situationen freilich seltener als die „normalen" Irrtums-Fälle.

aa) Arglistige Täuschung

379 **Täuschung** bedeutet, dass bei einem anderen ein Irrtum, d.h. eine Fehlvorstellung über die Wirklichkeit, hervorgerufen oder unterhalten wird. Dies ist durch positives Tun oder bei Bestehen einer Aufklärungspflicht auch durch Unterlassen möglich. Die Täuschungshandlung muss für den Irrtum **kausal** sein und die Willenserklärung muss auf dem Irrtum beruhen.

Der Täuschende muss des Weiteren **arglistig** handeln, d.h. positive Kenntnis von der Unwahrheit seiner Angaben haben oder sie „ins Blaue hinein machen", ohne die wahre Faktenlage überprüft zu haben. Er muss dabei mit dem **Bewusstsein** handeln, dass der Erklärende **ohne** die Täuschung seine Willenserklärung **gar nicht** oder zumindest mit einem **anderem Inhalt** abgegeben hätte. **380**

Auf der subjektiven Seite reicht **Eventualvorsatz** aus. Es genügt, dass der Täuschende billigend in Kauf nimmt, dass seine Angaben falsch sein könnten und sie Anlass für die Willenserklärung des anderen sind. Ein direkter Schädigungsvorsatz ist nicht erforderlich. **381**

Fall 46 **382**

Nach ihrem Reinfall mit den Bonsais erwirbt Agathe nun 500 Eichen-Setzlinge, weil ihr bei Ting-Lao vorgeschwindelt wird, die Eiche „als deutschester aller Bäume" werde mit Sicherheit gefördert.

Kann Agathe ihre Willenserklärung aus dem Kaufvertrag anfechten? *Lösung Rn. 423*

Bei **empfangsbedürftigen** Willenserklärungen ist § 123 Abs. 2 BGB zu beachten, sofern die Täuschung nicht vom Erklärungsempfänger, sondern von einem Dritten ausgeht. Eine Anfechtung ist hier nur möglich, wenn sich der Erklärungsempfänger die Täuschung (mittelbar) **zurechnen** lassen muss. **383**

Dritter im Sinne des § 123 Abs. 2 BGB ist allerdings nur ein am Geschehen gänzlich Unbeteiligter. Wer dagegen auf Seiten des Erklärungsempfängers steht und maßgeblich am Zustandekommen des Geschäfts beteiligt war, ist nicht Dritter. In einem solchen Fall ist bereits eine Anfechtung nach § 123 Abs. 1 BGB möglich, da dem Erklärungsempfänger das Verhalten dieser Personen **unmittelbar zugerechnet** wird. **384**

Fall 47 **385**

Den blumigen Ausführungen der Baumschule glaubt Agathe zwar nicht mehr, aber nun redet ihr Direktor Oppelsheimer wider besseres Wissen ein, dass es ureigenste deutsche Bürgerpflicht sei, so viele Eichen wie nur möglich zu pflanzen. Nach einigem Hin und Her erwirbt sie daher bei (dem innerlich überraschten, äußerlich keine Miene verziehenden) Ting-Lao nochmals 500 Eichen-Setzlinge.

Kann Agathe ihre Willenserklärung aus dem Kaufvertrag anfechten? *Lösung Rn. 424*

Fall 48 **386**

Elvis bestaunt bei Pedro, der mittlerweile beim BretzelmannClub aushilft, ein Paar teure 800 Watt-Boxen. Er ist sich allerdings noch nicht sicher, ob sie wohl hinten in seine Corvette hineinpassen. Pedro wittert ein gutes Geschäft und behauptet daher wahrheitswidrig, Elvis könne sie umtauschen, sollte er mit ihnen nicht zufrieden sein. Elvis unterschreibt gedankenlos den Kaufvertrag, ohne ihn durchzulesen. Im Vertragsformular ist der Umtausch der Boxen jedoch wirksam ausgeschlossen.

Kann Elvis gegenüber dem BretzelmannClub seine Willenserklärung aus dem Kaufvertrag anfechten? *Lösung Rn. 426*

bb) Drohung

387 Drohung ist **objektiv** das „**Inaussichtstellen eines künftigen Übels**", wobei für den Betroffenen der Eindruck entstehen muss, der Eintritt des Übels hinge vom Willen des Drohenden ab. Ihre **Widerrechtlichkeit** kann sich aus dem verfolgten Zweck, dem eingesetzten Mittel oder dem Missverhältnis innerhalb der Zweck-Mittel-Relation ergeben.

388 **Subjektiv** muss der Drohende das Ziel verfolgen, den Bedrohten zur Abgabe einer bestimmten Willenserklärung zu bringen und sich dabei bewusst sein, dass sein Verhalten die Willensbildung des Bedrohten **beeinflussen** kann.

389 Ebenso wie im Fall einer arglistigen Täuschung muss die Drohung für die Abgabe der Willenserklärung in ihrer konkreten Gestalt **kausal** geworden sein.

2. Irrtum bei der Willensäußerung

390 Selbst wenn der Erklärende seinen Willen einwandfrei gebildet hat, kann er sich bei dessen **Äußerung** irren.

a) Erklärungsirrtum

391 Ein Erklärungsirrtum gem. § 119 Abs. 1, 2. Alt. BGB liegt vor, wenn sich der Erklärende bei der **Erklärungshandlung** irrt. Er setzt ein falsches „Erklärungszeichen", weshalb bereits der äußere Erklärungstatbestand nicht seinem wahren Willen entspricht.

Beispiel: Der Erklärende verspricht, verschreibt oder vergreift sich.

392 **Fall 49**

Kunigunde bietet Diethelm einen seltenen Zwergleguan für € 1800 an. Diethelm nimmt freudestrahlend an, bezahlt und erhält die Echse. Nach Geschäftsschluss stellt Kunigunde bei der Durchsicht ihrer Unterlagen erschrocken fest, dass der Zwergleguan eigentlich € 8100 kosten sollte, sie aber dummerweise den Preis verwechselt hat. Sie ruft Diethelm noch am selben Abend an und teilt ihm mit, dass sie das Geschäft mit ihm so nicht mehr gelten lassen könne, da mit dem Preis wohl „etwas schief gelaufen" sei.

Wie ist die Rechtslage? *Lösung Rn. 430*

b) Inhaltsirrtum

393 Bei einem Inhaltsirrtum gem. § 119 Abs. 1, 1. Alt. BGB äußert der Erklärende zwar das subjektiv Gewollte, er irrt sich aber über die **Bedeutung** oder die **Tragweite** seiner Erklärung bzw. des „Erklärungszeichens". Anders ausgedrückt, wollte der Erklärende eine Willenserklärung mit dem objektiv ermittelten Inhalt niemals abgeben.

Beispiel: Der Käufer denkt, ein „Blackberry" sei eine exotische Obstsorte oder er hält einen „Frascati" für einen schnittigen Sportwagen (s.o. Fall 9, Rn. 96).

Fall 50 394

Carl möchte sich jetzt doch mal einen „richtigen" Sportwagen kaufen. Er begibt sich deshalb zu Larry. Dort sucht er sich in der Ausstellungshalle in Larrys Abwesenheit einen schwarzen Lamborghini Murciélago LP640 aus. Im Büro einigt er sich mit Larry auf einen Preis von € 200 000 und unterschreibt das Kaufvertragsformular, in dem Larry den Wagen genau bezeichnet hat. Der Flitzer wird auf Carl zugelassen, er erhält ihn mitsamt Schlüssel und Papieren und bezahlt im Gegenzug. Beim Einsteigen merkt Carl, dass es sich doch um ein anderes Auto desselben Typs handelt. Es stand auch in der Halle, aber Carl hatte es gar nicht gesehen, Larry dagegen dachte die ganze Zeit über, es sei nur um dieses Auto gegangen. Den von Carl ausgesuchten Wagen hätte Larry wegen seiner höherwertigen Ausstattung nicht unter € 230 000 verkauft (wobei Geld bei Carl freilich kaum mehr eine Rolle spielt...).

Was kann Carl unternehmen? *Lösung Rn. 438*

395 Je nach dem **Objekt**, auf den sich der Irrtum konkret bezieht, werden hier insbesondere unterschieden der Irrtum über den Geschäftstyp, den Geschäftspartner, den Geschäftsgegenstand oder die Rechtsfolgen der Erklärung (letzteres auch in Form eines gänzlich fehlenden Erklärungsbewusstseins, s.o. Kapitel 3, Rn. 77 ff.). Freilich wirkt sich diese Differenzierung nur auf die **tatsächlichen Voraussetzungen** aus, **wann** im Einzelfall jeweils ein Irrtum anzunehmen ist. Liegt dieser aber einmal vor, begründet er immer **dieselbe Rechtsfolge** der Anfechtbarkeit. Eine genaue Unterscheidung spielt deshalb primär eine Rolle im Zusammenhang mit der **Abgrenzung** der Anfechtung wegen Irrtums von anderen Rechtsbehelfen wie beispielsweise der Sachmängelgewährleistung.

396 Schwieriger zu handhaben ist der so genannte **Kalkulationsirrtum**, bei dem sich der Erklärende in einer für den Inhalt der Willenserklärung maßgeblichen Weise verrechnet. Enthält die Erklärung nur das Ergebnis der Berechnung (**verdeckter** Kalkulationsirrtum), liegt im Ergebnis lediglich ein **unbeachtlicher Motivirrtum** vor. Wurde auch die falsche Berechnung selbst zum Gegenstand der Erklärung gemacht (**offener** Kalkulationsirrtum), handelt es sich nach heute h.M. zwar ebenso um einen bloßen Motivirrtum, der nicht zur Anfechtung berechtigt. Je nach den Umständen des konkreten Einzelfalls kann der Inhalt der Erklärung jedoch eventuell im Wege der Auslegung **korrigiert** werden (die Einzelheiten sind hier unverändert strittig).

c) Falsche Übermittlung

397 Den Erklärenden trifft grundsätzlich das Risiko, dass von ihm eingeschaltete Personen seine Willenserklärung falsch weitergeben. Wird die Willenserklärung allerdings durch einen Dritten **unbewusst** in irgendeiner Weise **unrichtig übermittelt**, beispielsweise durch einen Erklärungsboten oder die Post, kann sie angefochten werden, sofern der Erklärende die Willenserklärung so nicht abgegeben hätte (§§ 120, 119 Abs. 1 BGB).

3. Rechtsfolge

398 In sämtlichen der vorstehend (unter 1. und 2.) angesprochenen Fällen sind die betreffenden Willenserklärungen nicht ipso iure nichtig, können aber vom Erklärenden möglicherweise **angefochten** werden, sofern die jeweilige Ursache **kausal** für die unbewusste Willensabweichung war (§§ 119 Abs. 1, 120, 123 Abs. 1 BGB).

III. Anfechtung

399 Allerdings: Nur wenn bei einer Willenserklärung das **objektiv Erklärte** vom **subjektiv Gewollten** abweicht, kann sie tatsächlich angefochten werden. Um das objektiv Erklärte zu ermitteln, ist die Willenserklärung zunächst immer aus der Sicht eines objektiven Empfängers **auszulegen** („Auslegung **vor** Anfechtung").

400 **Fall 51**

Kunigunde möchte Diethelm nun noch ein Gabelzungen-Chamäleon für € 3000 anbieten, sie verschreibt sich aber und verlangt nur € 2000. Diethelm weiß freilich aus Vorverhandlungen, dass Kunigunde € 3000 haben will, und nimmt dementsprechend Angebot und Chamäleon gegen Zahlung von € 3000 an. Sie vermisst das Tier dann aber doch zu sehr und will den Vertrag gerne rückgängig machen.

Kann Kunigunde ihre Willenserklärung aus dem Kaufvertrag anfechten? *Lösung Rn. 444*

401 Es können nur **eigene Willenserklärungen** angefochten werden oder solche, die durch einen **Stellvertreter** abgegeben wurden. Mit einer Anfechtung kann deshalb prinzipiell weder auf fremde Erklärungen Einfluss genommen werden, noch kann pauschal „ein Vertrag" angefochten werden, da dieser immer neben der eigenen auch eine fremde, korrespondierende Willenserklärung enthält und zudem nicht klar wäre, welcher Teil angegriffen wird.

402 Auch **nichtige** Willenserklärungen können angefochten werden. Meistens freilich erübrigt sich die Anfechtung, wenn eine Willenserklärung gar nicht erst wirksam ist.

1. Anfechtungserklärung

403 Ist eine Willenserklärung wegen der oben genannten Inhaltsabweichung anfechtbar, steht demjenigen, der sie abgegeben hat, ein **Gestaltungsrecht** zu, er ist anfechtungsberechtigt. Dieses kann er gegenüber dem Anfechtungsgegner ausüben, was in der Regel der Geschäftspartner sein wird (§ 143 Abs. 2 BGB). Besonderheiten ergeben sich bei einseitigen Rechtsgeschäften (vgl. § 143 Abs. 3 und 4 BGB).

404 Die Anfechtungserklärung selbst (§ 143 Abs. 1 BGB) ist eine **einseitige, empfangsbedürftige Willenserklärung** die den Schluss zulässt, dass der Anfechtende wegen seines Willensmangels seine ursprüngliche Willenserklärung nicht gelten lassen will. Die Anfechtung kann auch **konkludent** erfolgen, eine bestimmte Formulierung ist nicht zwingend. Der konkrete Anfechtungsgrund muss ebenfalls nicht genannt werden, solange für den Empfänger erkennbar ist, auf welche **tatsächlichen Umstände** sich die Anfechtung stützt.

Beispiel

Es bedarf keines „Ich fechte meine Willenserklärung vom 24.12. vergangenen Jahres wegen Erklärungsirrtums bezüglich des dinglichen Erwerbs der Weihnachtsgans an!", sondern es genügt beispielsweise auch eine Zahlungsverweigerung nach streitigem Briefwechsel oder gegebenenfalls ein bloßes Nicht-Handeln, wenn sich daraus die Ablehnung des eigentlich ursprünglich Gewollten eindeutig ergibt.

2. Anfechtungsgrund

Schwerpunkt der Fallprüfung ist üblicherweise die Frage, ob der Anfechtende einen Anfechtungsgrund geltend machen kann. In Betracht kommen hier die erwähnten, zur Anfechtung berechtigenden **Irrtümer**, eine **arglistige Täuschung** oder (selten) eine **Drohung**. Ob dem Anfechtenden selbst in diesem Zusammenhang irgendwelches Verschulden vorzuwerfen ist, spielt an dieser Stelle keine Rolle, kann aber eventuell im Rahmen eines etwaigen Schadensersatzes (vgl. § 122 BGB, dazu sogleich unten) bedeutsam werden. **405**

3. Anfechtungsfrist

Im Interesse der Rechtssicherheit und mit Rücksicht auf den Geschäftspartner ist die Anfechtung nur innerhalb eines bestimmten Zeitraums möglich. Eine Anfechtung wegen **Irrtums** (genauer: §§ 119, 120 BGB) muss **unverzüglich** erfolgen, sobald der Berechtigte **positive Kenntnis** von dem betreffenden Anfechtungsgrund hat (§ 121 Abs. 1 S. 1 BGB). Eine angemessen kurze **Überlegungs- und Prüfungsfrist** ist ihm dabei zuzugestehen. Unabhängig von der tatsächlichen Kenntnis ist die Anfechtung zehn Jahre nach der Abgabe der anfechtbaren Willenserklärung in jedem Falle ausgeschlossen (§ 121 Abs. 2 BGB). **406**

Bei einer Anfechtung wegen **arglistiger Täuschung** hat der Anfechtende dagegen **ein Jahr** Zeit (§ 124 Abs. 1 BGB), nachdem er seinen Irrtum bemerkt und positive Kenntnis von dem arglistigen Verhalten seines Geschäftspartners erlangt hat. Die Anfechtungsfrist im Falle einer **Drohung** beginnt mit Eintritt des angedrohten Übels oder wenn damit nicht mehr ernsthaft zu rechnen ist (§ 124 Abs. 2 S. 1 BGB). **407**

IV. Rechtsfolgen der Anfechtung

1. Nichtigkeit

Eine wirksam angefochtene Willenserklärung ist **rückwirkend**, d.h. von Anfang an nichtig (ex tunc, § 142 Abs. 1 BGB). Es wird der Zustand hergestellt, als ob es die betreffende Willenserklärung nie gegeben hätte. **408**

Bei einer Anfechtung lediglich des **schuldrechtlichen** Geschäfts entfällt regelmäßig nur dieses, das **dingliche** Geschäft bleibt mangels besonderen Parteiwillens (beispielsweise bedingungsmäßige Abhängigkeit, Geschäftseinheit) bestehen. Nach der jeweiligen Wirkung der Anfechtung im konkreten Einzelfall richtet sich auch die anschließende **Rückabwicklung**, insbesondere ob primär eigentums- oder bereicherungsrechtlich vorzugehen ist. **409**

2. Schadensersatzpflicht

Als **Ausgleich** für die Ausübung seines Gestaltungsrechts schuldet der Anfechtende dem Anfechtungsgegner bei einer Anfechtung nach §§ 119, 120 BGB den Ersatz eines **410** diesem eventuell entstandenen Schadens (§ 122 Abs. 1 BGB). Dies beruht auf der Überlegung, dass der Anfechtungsgegner **ohne selbst etwas dafür zu können**, allein aufgrund eines Irrtums des Anfechtenden eines ansonsten wirksam vereinbarten Geschäfts beraubt wird, auf dessen Grundlage er möglicherweise schon weitere wirtschaftliche Dispositionen getroffen hat.

411 Konsequent wird dem „Beschädigten" ein solcher Schadensersatzanspruch gem. § 122 Abs. 2 BGB auch **versagt**, wenn er bereits **wusste**, warum die betreffende Willenserklärung nichtig (vgl. § 118 BGB) oder anfechtbar sein könnte oder dies zumindest hätte wissen müssen (vgl. § 276 Abs. 2 BGB). Ebenso wenig steht selbstverständlich dem arglistig Täuschenden ein Schadensersatzanspruch zu.

412 Der Höhe nach ist nur der **Vertrauensschaden (negatives Interesse)** zu ersetzen, derjenige Schaden also, der dem Anfechtungsgegner gerade dadurch entstanden ist, dass er darauf vertraut hat, die nunmehr angefochtene Willenserklärung und mit ihr das gesamte Geschäft **sei und bleibe wirksam**. Der Vertrauensschaden entstammt daher niemals direkt dem durch die Anfechtung beseitigten Geschäft, sondern **einer weiteren wirtschaftlichen Entscheidung** des Anfechtungsgegners, für die das ursprüngliche Geschäft nur eine Vorbedingung war, beispielsweise der Weiterverkauf einer Sache, aber auch die Nichtvornahme eines vermeintlich weniger attraktiven Geschäfts. Der Anfechtungsgegner ist vermögensmäßig letztlich so zu stellen, als ob er nie etwas von dem angefochtenen Geschäft gehört hätte.

413 Die **Obergrenze** für den Ersatz des Vertrauensschadens ist aber wiederum das **Erfüllungsinteresse (positives Interesse)**. Der Anfechtungsgegner kann also maximal so viel verlangen, wie ihm **das angefochtene Geschäft selbst** gebracht hätte. Im Ergebnis sollen weder der Anfechtende noch der Anfechtungsgegner durch die Anfechtung einer Willenserklärung besser gestellt werden. Sie dient vielmehr allein dazu, die betreffende Willenserklärung wegen einer dort vorhandenen Diskrepanz zwischen subjektiv Gewolltem und objektiv Erklärten zu beseitigen.

414 **Fall 52**

Diethelm mietet bei der Brauerei Rex's für die Einweihung seines Kleintierzoos im Juli eine „Komplette Ausstattung für feuchtfröhliche Anlässe" für € 2000, vereinbart aber versehentlich „Juni" als Zeitpunkt. Als er das Versehen bemerkt, ficht er seine Erklärung wirksam an. Die Brauerei verlangt von ihm allerdings Ersatz für einen Schaden in Höhe von € 2500, der ihr entstanden ist, weil sie mit Rücksicht auf Diethelms Buchung einem anderen Interessenten für Juni abgesagt hatte.

Kann die Brauerei Rex Schadensersatz von Diethelm verlangen? Wenn ja, in welcher Höhe?

Lösung Rn. 445

V. Falllösungen

▶ Fall 42 ◀ *(Rn. 368, Scheingeschäft)*

Oppelsheimer könnte gegen Diethelm einen Anspruch auf Zahlung des Kaufpreises in Höhe von € 10 000 aus § 433 Abs. 2 BGB haben. Dafür müsste allerdings ein wirksamer Kaufvertrag mit einer Kaufpreisvereinbarung in entsprechender Höhe zustande gekommen sein. **415**

1. Kaufvertrag über € 5000

Dies könnte zweifelhaft sein, weil beide Parteien vor dem Notar nur einen Kaufpreis von € 5000 nennen und den Kaufvertrag anschließend beurkunden lassen. Da Diethelm und Oppelsheimer jedoch überstimmend von einem Kaufpreis von € 10 000 ausgehen und den niedrigeren Preis nur verwendet haben, um Steuern und Gebühren zu sparen, sind die zugrundeliegenden Willenserklärungen und mit ihnen der beurkundete Kaufvertrag als **Scheingeschäft** gem. § 117 Abs. 1 BGB nichtig. **416**

2. Kaufvertrag über € 10 000

Gem. § 117 Abs. 2 BGB kann ein von dem nichtigen Scheingeschäft **verdecktes Rechtsgeschäft** dennoch wirksam sein, freilich nur, wenn seine Voraussetzungen vollständig vorliegen. **417**

Diethelm und Oppelsheimer waren sich zwar über den tatsächlichen Kaufpreis für das Grundstück in Höhe von € 10 000 einig, dieser Vertrag wurde indes nicht beurkundet. Ein **Grundstückskaufvertrag** muss gem. § 311b Abs. 1 S. 1 BGB aber notariell beurkundet werden, um wirksam zu sein. Da es vorliegend daran mangelt, ist der Kaufvertrag über € 10 000 gem. § 125 S. 1 BGB formnichtig (siehe dazu auch Kapitel 7, Rn. 273 f.). Weil die Auflassung und die Eintragung Diethelms als neuer Eigentümer in das Grundbuch auch noch nicht erfolgt sind, kommt eine Heilung des Formmangels gem. § 311b Abs. 1 S. 2 BGB ebenfalls nicht in Betracht. **418**

Oppelsheimer kann somit nicht € 10 000 von Diethelm verlangen.

▶ Fall 43 ◀ *(Rn. 373, Motivirrtum)*

Agathe geht bei ihrer Willensbildung von falschen Voraussetzungen aus: Sie glaubt, die massenhafte Anzucht von Bonsai-Setzlingen werde bezuschusst, und schließt deshalb einen entsprechenden Kaufvertrag ab. Sie unterliegt damit allerdings lediglich einem **unbeachtlichen Motivirrtum**, der sie nicht zu einer Anfechtung ihrer Willenserklärung berechtigt. **419**

Man spricht mit Rücksicht auf die berechtigten Interessen des jeweiligen Vertragspartners sowie die allgemeine Rechts- und Verkehrssicherheit insofern auch von einem „**numerus clausus**" der gesetzlich anerkannten Irrtumstatbestände, unter die der bloße Motivirrtum gerade nicht fällt. **420**

▶ Fall 44 ◀ *(Rn. 375, Eigenschaftsirrtum)*

421 Das **Alter** einer Sache bzw. hier genauer das Baujahr eines Autos ist ein dauerhaftes Beschaffenheitsmerkmal, dem im Rechtsverkehr eine nicht unerhebliche Bedeutung beigemessen wird. Da sich Carl hier über eine **verkehrswesentliche Eigenschaft** seines Mercedes irrt, kann er ausnahmsweise gem. § 119 Abs. 2 BGB seine Willenserklärung anfechten.

▶ Fall 45 ◀ *(Rn. 377, Motivirrtum)*

422 Direktor Oppelsheimer irrt sich hier nur über den Preis, den er für das Grundstück hätte erzielen können. Der **Preis** selbst aber ist keine verkehrswesentliche Eigenschaft im Sinne von § 119 Abs. 2 BGB, sondern bestimmt sich nach Angebot und Nachfrage auf dem jeweiligen Markt. Oppelsheimer kann deshalb seine Willenserklärung nicht anfechten.

▶ Fall 46 ◀ *(Rn. 382, Arglistige Täuschung)*

423 Ting-Lao behauptet hier bewusst wahrheitswidrig („vorgeschwindelt"), die Aufzucht von Eichen-Setzlingen werde gefördert. Damit wird Agathe **arglistig getäuscht** und sie kann ihre Willenserklärung, die maßgeblich auf der Falschinformation beruht, gem. § 123 Abs. 1 1. Alt. BGB anfechten.

Angesichts des zu missbilligenden Verhaltens seitens Ting-Lao spielt es insofern auch keine Rolle, dass Agathe ihren Irrtum möglicherweise durch eine Nachfrage bei der vermeintlich fördernden Stelle hätte vermeiden können.

▶ Fall 47 ◀ *(Rn. 385, Arglistige Täuschung durch Dritte)*

424 Anders als in **Fall 46** wird Agathe hier nicht von Ting-Lao selbst, sondern von Direktor Oppelsheimer zum Kauf weiterer Eichen-Setzlinge verleitet. Eine **arglistige Täuschung** liegt unproblematisch vor, da Oppelsheimer „wider besseres Wissen" behauptet, Agathe müsse Eichen aufziehen, wodurch die bereits mehrfach Geschädigte doch noch einmal zugreift.

425 Die Beeinflussung ihrer Willenserklärung, die im Rahmen des Kaufvertrags Ting-Lao gegenüber abzugeben war, müsste diesem freilich auch **zuzurechnen** sein. § 123 Abs. 2 BGB verlangt bei einer Einflussnahme durch **unbeteiligte Dritte** – hier des unabhängig handelnden Oppelsheimer – Kenntnis oder zumindest fahrlässige Unkenntnis des Erklärungsempfängers hinsichtlich der Täuschung. Laut Sachverhalt wusste Ting-Lao jedoch nichts davon („innerlich überrascht"), dass diesmal Oppelsheimer Agathe mit unzutreffenden Behauptungen zum Kauf veranlasst hatte. Agathe kann ihre Willenserklärung deshalb nicht wegen arglistiger Täuschung anfechten.

▶ Fall 48 ◀ *(Rn. 386, Arglistige Täuschung durch „Nicht-Dritte")*

Während in den beiden vorangegangenen **Fällen 46** und **47** außer der jeweils thematisierten **arglistigen Täuschung** nur unbeachtliche Motivirrtümer vorlagen („Förderung durch Dritte" oder eine spezielle „Bürgerpflicht" können nicht als kennzeichnendes Beschaffenheitsmerkmal der Setzlinge angesehen werden), kommt hier ein **Eigenschaftsirrtum** durchaus in Betracht, der getrennt zu prüfen ist, weil der Anfechtende wählen kann, auf welchen Anfechtungsgrund er sich beruft. Zudem sind die Voraussetzungen für eine arglistige Täuschung regelmäßig strenger als für einen bloßen Irrtum (was sich andererseits in den gesetzlichen Regelungen der Fristen und eines etwaigen Schadensersatzes zugunsten des Anfechtenden niederschlägt, vgl. §§ 122 Abs. 1, 124 Abs. 1 BGB). **426**

1. Eigenschaftsirrtum

Elvis ging nach Pedros (Falsch-)Information davon aus, er könne die Boxen umtauschen, wenn sie ihm nicht gefielen, d.h. nicht in seine Corvette passten. Das **Umtauschrecht** lässt sich ohne Weiteres als verkehrswesentliche Eigenschaft der Boxen im Sinne von § 119 Abs. 2 BGB ansehen, es bestimmt in gewisser Weise ihre rechtliche Beschaffenheit. Indem es das Risiko eines Fehlkaufs deutlich verringert, weil der Kunde zuhause selbst testen kann, ob die Kaufsache seinen Vorstellungen entspricht, hat es auch einen nicht unerheblichen Wert. Letztlich war diese vermeintliche Eigenschaft der Boxen auch entscheidend für den Kaufentschluss von Elvis. **427**

Allerdings unterschreibt dieser das Vertragsformular, in dem der Umtausch ausgeschlossen wird, ohne es sich durchzulesen. Ein Irrtum kann sich deshalb bei ihm gar nicht einstellen, weil ihm der tatsächliche Inhalt der Vertragsbedingungen **völlig unbekannt** ist (sog. „ignorantia facti") und er damit auch gar nicht zur Kenntnis nimmt, welchen Inhalt seine eigene Willenserklärung überhaupt hat. Auf § 119 Abs. 2 BGB kann Elvis seine Anfechtung daher nicht stützen. **428**

2. Arglistige Täuschung

Unproblematisch liegt dagegen eine arglistige Täuschung Pedros vor, weil dieser bewusst wahrheitswidrig behauptet, man könne die Boxen umtauschen, um den noch schwankenden Elvis zu ihrem Kauf zu verleiten. Auf eine Zurechnung nach § 123 Abs. 2 BGB, d.h. eine Kenntnis oder fahrlässige Unkenntnis des BretzelmannClubs – an der es hier fehlen würde – kommt es nicht an, denn Pedro ist als dessen **Mitarbeiter** (wohl Vertreter, vgl. § 164 Abs. 1 BGB) **nicht unbeteiligter Dritter** im Sinne dieser Vorschrift. Pedros Verhalten wird dem BretzelmannClub unmittelbar zugerechnet, Elvis kann deshalb seine Anfechtung direkt auf § 123 Abs. 1 BGB stützen. **429**

▶ Fall 49 ◀ *(Rn. 392, Erklärungs- oder Inhaltsirrtum)*

▷ *Bei diesem Fall lautet die **Fallfrage** zum ersten Mal **„Wie ist die Rechtslage?"**. Dies ist die weitest mögliche und damit gleichzeitig auch die „gefährlichste" aller denkbaren Fragestellungen, denn die Fallprüfung wird nicht von Anfang an be-* **430** *reits in bestimmte Bahnen gelenkt, beispielsweise hinsichtlich der zu untersuchenden Anspruchsgrundlagen oder zumindest des zu berücksichtigenden Anspruchsstellers. Die Fragestellung ist vielmehr völlig offen, so dass zunächst an jegliche Ansprüche aller Beteiligten zu denken ist. Dabei sind gegebenenfalls auch Gestaltungsrechte zu berücksichtigen, die von den Parteien erst noch geltend gemacht werden müssen, die aber in ihrem wohlverstandenen Interesse zur Anspruchsdurchsetzung sinnvoll wären (z.B. die Anfechtung einer Willenserklärung oder das Ausüben eines Kündigungsrechts).*

*In der Klausurpraxis bereitet diese Fragestellung die meisten Schwierigkeiten und ist entsprechend „unbeliebt". Um insbesondere nicht unnötig Zeit zu verlieren, ist daher vor Beginn der Fallprüfung mit Blick auf den Sachverhalt genau zu überlegen, **welche Ziele** die Beteiligten haben und welche Anspruchsgrundlagen dazu **passende Rechtsfolgen** liefern könnten. Auf die Prüfung dieser Ansprüche sollte man sich anschließend konzentrieren.*

Vorüberlegung: *Im vorliegenden Fall will Kunigunde den aus ihrer Sicht zu billigen Verkauf des Zwergleguans rückabwickeln, insbesondere also die Echse zurückhaben. Im Gegenzug sollte Diethelm sein Geld wiederbekommen, und ihm könnte daneben an irgendeiner Form von Schadensersatz gelegen sein, weil es sich aus seiner Sicht um ein ausgesprochen vorteilhaftes Geschäft gehandelt hatte.*

1. Ansprüche Kunigundes gegen Diethelm

a) Rückgabe des Zwergleguans gem. § 985 BGB

431 Kunigunde könnte gegen Diethelm einen Anspruch auf Rückgabe des Zwergleguans aus § 985 BGB haben. Diethelm ist zweifellos dessen momentaner Besitzer (vgl. § 854 Abs. 1 BGB), fraglich ist jedoch, ob Kunigunde noch **Eigentümerin** ist. Sie war es anfänglich wohl einmal (vgl. § 1006 Abs. 2 BGB), hat ihr Eigentum jedoch durch Übereignung gem. § 929 S. 1 BGB an Diethelm in Erfüllung des Kaufvertrags verloren.

432 Da Kunigunde das Geschäft aber nicht mehr gelten lassen will, nachdem sie ihren Fehler bemerkt hat, ist an eine **Anfechtung** zu denken, die gegebenenfalls zur Nichtigkeit der betreffenden Willenserklärung führen könnte (§ 142 Abs. 1 BGB).

Grundsätzlich können Verpflichtungs- und Verfügungsgeschäfte gleichermaßen angefochten werden. Um ihre **Einigungserklärung** im Rahmen der Übereignung nach § 929 S. 1 BGB allerdings auch wirksam anfechten zu können, müsste ein **Anfechtungsgrund** vorliegen, der die betreffende Willenserklärung anfechtbar macht. Kunigunde irrt sich jedoch nur über den Preis des Tieres, der als Bestandteil des **schuldrechtlichen** Kaufvertrags die dingliche Übertragung des Eigentums nicht beeinflusst. Eine Anfechtung der Einigungserklärung kommt daher nicht in Betracht, Kunigunde hat das Eigentum an dem Zwergleguan an Diethelm verloren, § 985 BGB steht ihr nicht zu.

b) Rückgabe des Zwergleguans gem. § 812 Abs. 1 S. 1, 1. Alt. BGB

433 Kunigunde könnte den Zwergleguan aber möglicherweise gem. § 812 Abs. 1 S. 1, 1. Alt. BGB von Diethelm heraus verlangen. Diethelm hat „etwas erlangt", nämlich wie oben gesehen, das Eigentum an dem Leguan. Dies geschah durch Leistung von Kunigunde, die ihm bewusst das Tier übereignet hat. Weiter müsste der Eigentumserwerb ohne Rechtsgrund erfolgt sein. **Rechtsgrund** war hier der zunächst wirksam abgeschlossene Kaufvertrag, der allerdings durch Anfechtung seitens Kunigunde rückwirkend entfallen sein könnte (§ 142 Abs. 1 BGB, weshalb auch eine Kondiktion gem. § 812 Abs. 1 S. 1, 1. Alt. und nicht S. 2, 1. Alt. BGB einschlägig erscheint).

Kunigunde **erklärt** die Anfechtung ihrer Willenserklärung konkludent, indem sie Diethelm telefonisch mitteilt, dass die das Geschäft wegen eines Fehlers beim Preis nicht mehr aufrechterhalten wolle (§ 143 Abs. 1 BGB). **434**

Anfechtungsgrund ist hier ihr Irrtum über den Preis, der Zwergleguan sollte nicht € 1800, sondern € 8100 kosten. Bei diesem Irrtum kann es sich sowohl um einen **Erklärungsirrtum** (§ 119 Abs. 1, 2. Alt.) als auch um einen **Inhaltsirrtum** (§ 119 Abs. 1, 1. Alt.) handeln: Hatte Kunigunde den richtigen Preis im Kopf, verschrieb sie sich jedoch beim Preisetikett (Zahlendreher), läge ein Erklärungsirrtum vor. Irrte sie sich aber dergestalt, dass sie dem Leguan gedanklich den falschen Preis zuordnete, hätte man es mit einem Inhaltsirrtum zu tun. Mangels insofern eindeutiger Angaben im Sachverhalt lässt sich diese Frage nicht abschließend klären – zumal es sich um eine Differenzierung handelt, die sich zumindest im vorliegenden Fall allein im Kopf des Erklärenden abspielt. An der Rechtsfolge ändert sich freilich nichts, Kunigunde kann ihre Willenserklärung wegen Irrtums anfechten. **435**

Sie tut dies auch innerhalb der gesetzlichen **Anfechtungsfrist** (§ 121 Abs. 1 S. 1 BGB), weil sie Diethelm anruft, unmittelbar nachdem sie ihren Fehler entdeckt hat.

Mit der wirksamen Anfechtung ihrer Willenserklärung entfällt der Kaufvertrag **rückwirkend** (§ 142 Abs. 1 BGB), Kunigunde kann gem. § 812 Abs. 1 S. 1, 1. Alt. BGB von Diethelm den Zwergleguan herausverlangen.

2. Ansprüche Diethelms gegen Kunigunde

a) Rückzahlung des Kaufpreises gem. § 812 Abs. 1 S. 1, 1. Alt. BGB

Im Gegenzug steht Diethelm unproblematisch ein Rückzahlungsanspruch gegen Kunigunde in Höhe von € 1800 aus § 812 Abs. 1 S. 1, 1. Alt. BGB zu. **436**

b) Schadensersatz gem. § 122 Abs. 1 BGB

Für einen Schadensersatzanspruch Diethelms gegen Kunigunde gem. § 122 Abs. 1 BGB aufgrund ihrer Anfechtung fehlt es jedenfalls an einem **Schaden** bei Diethelm, weil dieser keine weiteren Dispositionen im Vertrauen auf den Bestand des angefochtenen Geschäfts getroffen hat. Das bloße Interesse an einem „guten Geschäft“ ist insofern nicht ersatzfähig. **437**

▶ **Fall 50** ◀ *(Rn. 394, Inhaltsirrtum)*

438 ▷ *Die Fallfrage ist eine Abwandlung des allgemeinen „Wie ist die Rechtslage?" (vgl. die Lösung zu **Fall 49**). Hier sind aus Sicht des Carl sinnvolle rechtliche Möglichkeiten zu überlegen, wie er sein Interesse verwirklichen kann.*

***Vorüberlegung:** Carl ist mit seinem Kauf nicht zufrieden, weil er sich den Lamborghini „mit Sonderausstattung" ausgesucht hatte, nun aber einen anderen bekommen hat. Den Aufpreis für sein Wunschauto würde er wohl zahlen, aber da er ja nicht zwei Lamborghinis haben will, müsste er die „Magerversion" erst einmal wieder loswerden.*

1. Kaufvertrag über den Lamborghini mit Sonderausstattung

439 Möglicherweise ist jedoch sogar ein Kaufvertrag über Carls Wunschauto zustande gekommen, so dass er ohne großen Zusatzaufwand dieses bekommen könnte. Carl hat mit der Auswahl dieses Wagens in der Ausstellungshalle konkludent ein **Angebot** zum Abschluss eines Kaufvertrags abgegeben. Larry allerdings hat dieses Angebot nicht einfach angenommen, sondern Carl ein Vertragsformular über einen anderen Lamborghini vorgelegt. Auf diese Weise hat er gem. § 150 Abs. 2 BGB Carls Angebot **abgelehnt** und ihm gleichzeitig ein **neues Angebot** gemacht.

Über den Lamborghini mit Sonderausstattung ist demnach kein wirksamer Kaufvertrag zustande gekommen.

2. Kaufvertrag über den Lamborghini ohne Sonderausstattung

440 Larrys Angebot zum Kauf des Lamborghini ohne Sonderausstattung hat Carl **angenommen**, indem er das Vertragsformular unterschrieben hat. In Erfüllung des Kaufvertrags (vgl. § 433 Abs. 1 S. 1 BGB) hat Larry Carl das Auto auch gem. § 929 S. 1 BGB übereignet.

441 Möglicherweise könnte Carl aber seine Willenserklärung **anfechten**, was den Kaufvertrag rückwirkend beseitigen (§ 142 Abs. 1 BGB) und in der Folge gegenseitige **Rückabwicklungsansprüche** auslösen würde. Carl unterlag beim Unterzeichnen des Vertrags einem **Inhaltsirrtum** gem. § 119 Abs. 1, 1. Alt. BGB, weil er dachte, damit das Angebot Larrys zum Kauf des Lamborghini mit Sonderausstattung anzunehmen bzw. die bereits vorher getroffene Abmachung lediglich zu bestätigen. Eine Willenserklärung des Inhalts, den Lamborghini ohne Sonderausstattung zu kaufen, wollte er niemals abgeben. Carl könnte somit einen Anfechtungsgrund geltend machen, er sollte jetzt nur zügig (vgl. § 121 Abs. 1 S. 1 BGB) Larry gegenüber die Anfechtung erklären (§ 143 Abs. 1, 2 BGB).

442 Carl steht es frei, nur seine Willenserklärung im Rahmen des **schuldrechtlichen** Kaufvertrags anzufechten, was gegenseitige **Bereicherungsansprüche** jeweils aus § 812 Abs. 1 S. 1, 1. Alt. BGB zur Folge hätte, gerichtet auf Rückzahlung des Geldes und Rückgabe des Lamborghini ohne Sonderausstattung.

443 Freilich könnte Carl zudem seine **dingliche** Willenserklärung im Rahmen der Übereignung gem. § 929 S. 1 BGB anfechten, da er ja an dem Lamborghini ohne Son-

derausstattung gar nicht interessiert war. In diesem Falle stünde Larry dann ein **Herausgabeanspruch** aus § 985 BGB zu. Aus Carls Sicht sinnvoller wäre es allerdings, tatsächlich nur seine Willenserklärung aus dem Verpflichtungsgeschäft anzufechten, da er so noch Eigentümer des Lamborghini ohne Sonderausstattung bliebe und diesen solange als Sicherheit behalten könnte, bis der Vertrag vollständig rückabgewickelt worden ist, er insbesondere den bereits gezahlten Kaufpreis zurückerhalten hat (Leistung „Zug um Zug", vgl. § 322 Abs. 1 BGB).

Mit einem Schadensersatzanspruch Larrys aus § 122 Abs. 1 BGB muss Carl wohl nicht rechnen, zumindest sind im Sachverhalt keine Angaben über insofern ersatzfähige Schäden ersichtlich.

▶ Fall 51 ◀ *(Rn. 400, „Auslegung vor Anfechtung")*

▷ *Dieser Fall dient nur noch einmal der Erinnerung an den wichtigen Grundsatz, dass Willenserklärungen immer erst* ***ausgelegt*** *werden müssen, bevor sie gegebenenfalls angefochten werden können.* **444**

Kunigunde will Diethelm das Chamäleon für € 3000 anbieten, er versteht dies infolge seiner Vorkenntnisse auch richtig und nimmt das Angebot entsprechend an. Der subjektive Wille Kunigundes und das von ihr tatsächlich aus Empfängersicht Erklärte weichen gerade nicht voneinander ab, sondern **decken** sich. Die bloße Falschbezeichnung (€ 2000), von Diethelm als solche erkannt, spielt insofern keine Rolle (vgl. „falsa demonstratio", oben in Kapitel 3, Rn. 100). Es liegt somit **keine Anfechtungslage** vor, Kunigunde kann (und will ja auch letztlich gar nicht!) wegen Erklärungsirrtums gem. § 119 Abs. 1, 2. Alt. BGB anfechten.

Dass sie das Chamäleon bald schon schmerzlich vermisst, ist ein rechtlich unbeachtliches Motiv, das es ihr nicht erlaubt, den wirksam geschlossenen Vertrag durch Anfechtung ihrer Willenserklärung rückwirkend zu beseitigen.

▶ Fall 52 ◀ *(Rn. 390, Schadensersatz)*

Diethelm kann seine Willenserklärung problemlos wegen Erklärungsirrtums gem. § 119 **445**
Abs. 1, 2. Alt. BGB anfechten, weil er sich mit dem Datum vertan hat. Entsprechend geht auch der Sachverhalt bereits von einer **wirksamen Anfechtung** aus.

Der Brauerei Rex könnte in der Folge ein Schadensersatzanspruch aus § 122 Abs. 1 **446**
BGB zustehen, weil sie wegen Diethelms nun rückwirkend beseitigter Buchung auf ein anderes Geschäft verzichten musste. Der Brauerei ist daher ein Schaden entstanden. Der Höhe nach bemisst sich der gem. § 122 Abs. 1 BGB zu leistende Schadensersatz des Anfechtenden zunächst nach demjenigen Betrag, der dem Anfechtungsgegner aus einem anderen Geschäft gerade deshalb entgangen ist, weil er auf den Bestand des im Zuge der Anfechtung beseitigten Geschäfts vertraut hat (Vertrauensschaden bzw. **negatives Interesse**). Dieses andere Geschäft hätte der Brauerei **€ 2500** eingebracht.

Allerdings wird der wie hier wegen Irrtums Anfechtende nur maximal bis zu dem **447**
Betrag haftbar gemacht, den der Anfechtungsgegner aus dem angefochtenen Geschäft

selbst erlangt hätte (Erfüllungs- bzw. **positives Interesse**). Da Diethelms Buchung selbst lediglich **€ 2000** „wert“ war, kann die Brauerei auch nur diesen Betrag von ihm als Schadensersatz gem. § 122 Abs. 1 BGB verlangen.

▷ *Faustregel für die Falllösung: Kommen auf den ersten Blick zwei unterschiedliche Beträge in Betracht, gibt es als Schadensersatz gem. § 122 Abs. 1 BGB immer den **kleineren** von beiden.*

Kapitel 10
Stellvertretung

Übersicht

I. Voraussetzungen 448
1. Zulässigkeit
   Nur ausnahmsweise nicht gegeben
2. Willenserklärung des Vertreters
   Anders als beim Boten Abgabe einer eigenen Willenserklärung
3. Offenkundigkeit
   a) Handeln in fremdem Namen
      Erkennbarkeit des Handelns für einen anderen
   b) Handeln unter fremdem Namen
      aa) Falsche Namensangabe
          Eigengeschäft des vermeintlichen Vertreters, wenn dem Geschäftspartner seine Identität egal ist
      bb) Identitätstäuschung
          Schwebend unwirksames Fremdgeschäft, wenn es dem Geschäftspartner auf die Identität ankommt
   c) Mittelbare Stellvertretung
      Handeln im eigenen Namen aber für fremde Rechnung
4. Vertretungsmacht
   Vertretungsbefugnis kraft Gesetzes oder Rechtsgeschäfts (= Vollmacht, § 166 Abs. 2 S. 1 BGB)

II. Einzelheiten der Vertretungsmacht
1. Vollmacht
   a) Erteilung
      Durch Rechtsgeschäft (§ 167 Abs. 1 BGB) als Innen- oder Außenvollmacht
   b) Umfang
      Wird in der Regel vom Vollmachtgeber bestimmt
   c) Erlöschen
      Richtet sich primär nach der Vollmacht, hilfsweise nach dem zugrundeliegenden Geschäft (§ 168 S. 1 BGB)
2. Rechtsscheinsvollmacht
   Auch ohne tatsächlich bestehende Vollmacht zurechenbar Vertrauensgrundlage gebildet
   a) Gesetzliche Rechtsscheinstatbestände
      Besonders erteilte Innen- oder Außenvollmachten (§§ 170 ff. BGB)
   b) Duldungsvollmacht
      Bewusstes Zulassen eines vertretergleichen Auftretens, auf das der Geschäftspartner vertraute und vertrauen durfte
   c) Anscheinsvollmacht
      Zumindest fahrlässiges Übersehen eines vertretergleichen wiederholten Auftretens
   d) Ausschluss
      Geschäftspartner weiß, dass gar keine Vertretungsbefugnis (mehr) besteht (§ 173 BGB)

III. Rechtsfolgen wirksamer Stellvertretung
Berechtigung und Verpflichtung allein des Vertretenen (§ 164 Abs. 1 BGB), Besonderheiten bei Willens- und Wissensmängeln (§ 166 BGB)

IV. Missbrauch der Vertretungsmacht
Stellvertreter überschreitet innerhalb seiner Vertretungsmacht die Grenzen aus dem Innenverhältnis, Auswirkung abhängig von der Kenntnis des Geschäftspartners

V. Handeln ohne Vertretungsmacht
1. Auswirkungen auf das Vertretergeschäft
   Bei Überschreitung der Vertretungsmacht ist das Vertretergeschäft schwebend unwirksam (§ 177 Abs. 1 BGB)
2. Persönliche Haftung des Vertreters
   Vertreter haftet selbst, wenn Vertretener das Geschäft nicht genehmigt (§ 179 Abs. 1 BGB), im Einzelnen abhängig von der Kenntnis der Beteiligten (§ 179 Abs. 2 und 3 BGB)

VI. Insichgeschäft
Vertreter kann prinzipiell nicht auf beiden Seiten eines Geschäfts auftreten (§ 181 BGB), Ausnahmen möglich

VII. Falllösungen

Vertiefende Literatur

449 *Boecken*, S. 409 ff.; *Bork*, S. 508 ff.; *Brehm*, S. 247 ff.; *Brox/Walker*, S. 216 ff.; *Faust*, S. 193 ff.; *Köhler*, S. 143 ff.; *Larenz/Wolf*, S. 828 ff.; *Leipold*, S. 334 ff.; *Medicus*, S. 363 ff.; *Musielak*, S. 457 ff.; *Pawlowski*, S. 351 ff.; *Rüthers/Stadler*, S. 454 ff.; *Schack*, S. 138 ff.; *Schapp/Schur*, S. 252 ff.; *Schwab/Löhnig*, S. 330 ff.; *Wörlen/Metzler-Müller*, S. 173 ff.

Grundlegende Rechtsprechung

450
- Anwendung der Stellvertretungsregeln auf das Handeln unter fremdem Namen (Identitätstäuschung) – *BGH NJW 1966, 1069*
- Kein Verbot des Selbstkontrahierens bei rechtlich vorteilhaftem Geschäft für den Vertretenen – *BGH NJW 1972, 2262*
- Rechtsscheinhaftung aus selbst vorgelegter Vollmachtsurkunde – *BGH NJW 1988, 697*
- Wissenszurechnung bei juristischen Personen – *BGH NJW 1992, 1099*
- Rechtsscheinhaftung auch bei nichtiger Bevollmächtigung – *BGH NJW 2003, 2091*

451 In der Regel handelt jemand für sich selbst, wenn er eine eigene Willenserklärung abgibt. Oftmals besteht aber gerade im arbeitsteiligen Wirtschaftsleben das Bedürfnis, andere Personen für sich handeln zu lassen. Die rechtliche Möglichkeit dazu eröffnet die Stellvertretung gem. § 164 Abs. 1 S. 1 BGB. Diese Vorschrift enthält nicht nur nahezu alle Voraussetzungen einer wirksamen Stellvertretung, sondern ordnet auch gleichzeitig bereits deren Rechtsfolge an.

I. Voraussetzungen

1. Zulässigkeit

Es ist grundsätzlich **zulässig**, sich vertreten zu lassen. Im Einzelfall kann die Stellvertretung jedoch ausnahmsweise ausgeschlossen sein, so beispielsweise bei **höchstpersönlichen** Rechtsgeschäften, insbesondere im Familien- und Erbrecht. 452

Beispiel: Die Erklärungen zur Eheschließung müssen von den Brautleuten persönlich abgegeben werden (§ 1311 S. 1 BGB), sein Testament kann nur der Erblasser persönlich errichten (§ 2064 BGB).

▷ *In der Fallprüfung ist der Aspekt der Zulässigkeit einer Stellvertretung fast immer unproblematisch, so dass er nur angesprochen werden muss, wenn der zu untersuchende Sachverhalt eindeutige Anhaltspunkte bietet.*

2. Willenserklärung des Vertreters

Im Gegensatz zum **Boten** gibt der Vertreter eine **eigene** Willenserklärung ab (§ 164 Abs. 1 S. 1 BGB). Anders als dieser muss er mindestens beschränkt geschäftsfähig sein (§ 165). Die oftmals nicht einfache Abgrenzung zwischen Stellvertreter und Boten ergibt sich für Dritte allein aus dem **äußerlichen Auftreten**. 453

Fall 53 454

Diethelm hat lange mit dem Mümmelmeier-Versand über den Kauf eines Gelbrock-Chinchilla verhandelt, ohne dass es zum Vertragsabschluss kam. Wenig später jedoch ruft ein Mitarbeiter des Versands bei Diethelm an, es ist allerdings nur sein achtjähriger Neffe Gerwin zu Hause. Diesem wird gesagt, er möge Diethelm mitteilen, Mümmelmeier mache hiermit ein letztes verbindliches Angebot, die Ratte für € 4300 zu verkaufen. Irrtümlich richtet Gerwin Diethelm jedoch aus, das Angebot laute über € 3400. Diethelm schreibt deshalb sofort an den Versand: „Ich nehme ihr telefonisch übermitteltes Angebot hiermit an." Mümmelmeier besteht auf Zahlung von € 4300, Diethelm will nicht mehr als € 3400 zahlen.

Wie ist die Rechtslage? *Lösung Rn. 510*

3. Offenkundigkeit

a) Handeln in fremdem Namen

Eine wirksame Stellvertretung ist nur möglich, wenn der Vertreter **in fremdem Namen**, genauer im Namen des Vertretenen handelt (§ 164 Abs. 1 S. 1 BGB). Zum Schutz des Geschäftspartners oder Dritter muss der Wille, dass der Vertreter nicht für sich selbst, sondern in fremdem Namen handelt, in irgendeiner Form **erkennbar** sein. Es kommt dabei allerdings nicht darauf an, ob sich dies durch ausdrückliche Erklärung des Vertreters oder lediglich konkludent ergibt (§ 164 Abs. 1 S. 2 BGB). 455

Macht der Vertreter dagegen den Willen, in fremdem Namen zu handeln, nicht ausreichend deutlich, wird er aus dem betreffenden Geschäft **selbst** berechtigt und verpflichtet. Irrtümer des Vertreters über diese Tatsache (vgl. § 119 BGB) berechtigen ihn **nicht** zur Anfechtung (§ 164 Abs. 2 BGB). 456

457 Bei alltäglichen Geschäften, so genannten. „**Geschäften für den, den es angeht**", kann auf die Offenkundigkeit ausnahmsweise **verzichtet** werden, sofern der Vertreter tatsächlich den Willen besitzt, für den Vertretenen zu handeln, und dessen Geschäftspartner gleichgültig ist, mit wem er den Vertrag abschließt. Gerade bei einfachen Bargeschäften des Alltags ist dieser regelmäßig weniger schutzbedürftig.

Beispiel: Der Kauf eines Brötchens für einen Dritten ist regelmäßig auch ohne Offenlegung des Vertretungsverhältnisses wirksam.

b) Handeln unter fremdem Namen

458 Vom Handeln **in** fremdem Namen abzugrenzen ist das Handeln **unter** fremdem Namen. Dabei gibt der Handelnde lediglich einen anderen Namen an, will letztlich aber für sich selbst handeln. Rechtlich ist hier danach zu differenzieren, welche **Bedeutung** die Namensangabe **für den Geschäftspartner** hat. Maßgeblich ist für deren Beurteilung ist daher auch nicht der innere Wille des vermeintlichen Vertreters, sondern allein, wie der Geschäftspartner dessen Verhalten auffassen durfte.

aa) Falsche Namensangabe

459 Ist dem Geschäftspartner die Identität seines Gegenübers **gleichgültig** (vergleichbar den „Geschäften für den, den es angeht"), liegt im Ergebnis ein **Eigengeschäft** des Handelnden vor, d.h. er wird selbst berechtigt oder verpflichtet, weil der Geschäftspartner durchaus (auch) mit dem Handelnden selbst einen Vertrag abschließen wollte.

460 **Fall 54**

Direktor Oppelsheimer meldet sich zusammen mit seiner Geliebten Agathe im Hotel „Imperial" sicherheitshalber unter dem Namen „Ehepaar Bretzelmann" an.

Wer wird Vertragspartner des Hotels, dem alle Namen unbekannt sind? *Lösung Rn. 514*

bb) Identitätstäuschung

461 Ist dem Geschäftspartner dagegen gerade die Identität des Namensträgers **wichtig**, wollte er also nicht mit Irgendjemandem, sondern nur mit dem Namensträger kontrahieren, kommt kein Eigengeschäft des Handelnden zustande, sondern die Vorschriften der §§ 164 ff. BGB finden zumindest entsprechende Anwendung. Danach liegt ein zunächst **schwebend unwirksames Fremdgeschäft** für denjenigen Namensträger vor, für den der Handelnde vergleichbar einem Vertreter ohne Vertretungsmacht aufgetreten ist (siehe dazu unten Rn. 500 ff.).

Der Namensträger kann das Geschäft freilich mit seiner **Genehmigung** für sich wirksam werden lassen (§ 177 Abs. 1 BGB analog). Verweigert er die Genehmigung, haftet der Handelnde gegebenenfalls auf Erfüllung oder Schadensersatz (§ 179 Abs. 1 BGB analog, vgl. u. Rn. 502 ff.).

Fall 55 462

Elvis möchte zum „Manowar"-Konzert in Berlin. Wegen der feierlichen Zerlegung des Reichstages durch den mittlerweile weltberühmten Performance-Künstler Igor sind die Hotels aber nahezu ausgebucht. Elvis erhält nur ein Zimmer, weil er sich, mit Perücke, großer Sonnenbrille und selbst gebasteltem weißem Glitzeranzug verkleidet, als sein Namenskollege Elvis P. ausgibt („Er lebt!").

Wie ist die Rechtslage? *Lösung Rn. 515*

c) Mittelbare Stellvertretung

Die (unmittelbare) Stellvertretung gem. § 164 ff. BGB ist weiter abzugrenzen ist von der so genannten mittelbaren (auch: indirekten oder verdeckten) Stellvertretung, bei welcher der Handelnde jedoch gerade **nicht Stellvertreter** ist. Dort handelt der Vertreter zwar ebenfalls im Interesse und für Rechnung eines anderen (des „Geschäftsherrn"), tritt aber **in eigenem Namen** auf. Berechtigt und verpflichtet wird in diesem Fall nur der Vertreter, auch wenn sich letztlich für den Geschäftsherrn ein wirtschaftlicher Erfolg einstellen soll. Im BGB finden sich insofern keine spezifischen Vorschriften, Sonderregelungen enthält das Handelsgesetzbuch (HGB). 463

Beispiel: Der Kommissionär verkauft im eigenen Namen regelmäßig Ware für Rechnung eines anderen (des Kommittenten, § 383 Abs. 1 HGB).

Fall 56 464

Diethelm, schwer beschäftigt mit der Organisation seines Kleintierzoos, gibt seinem Freund Nico etwas Geld, damit dieser beim Mümmelmeier-Versand 10 t „Biberstreu – extrem saugstark" besorgt. Nico tut wie geheißen, bringt Diethelm die Ware und rechnet mit ihm ab (finanziell).

Wer ist Vertragspartner des Mümmelmeier-Versands? *Lösung Rn. 516*

4. Vertretungsmacht

Der Vertreter muss schließlich mit Vertretungsmacht handeln (§ 164 Abs. 1 S. 1 BGB). Er muss also den Vertretenen überhaupt **vertreten können**. 465

Der Vertreter kann bereits **kraft Gesetzes** vertretungsberechtigt sein, beispielsweise können Eltern ihre Kinder vertreten (§ 1629 Abs. 1 BGB). Wesentlich häufiger sind allerdings die Fälle, in denen der Vertreter **bevollmächtigt** wird, in dem ihm der Vertretene durch Rechtsgeschäft Vertretungsmacht erteilt (Legaldefinition in § 166 Abs. 2 S. 1 BGB).

II. Einzelheiten der Vertretungsmacht

1. Vollmacht

a) Erteilung

466 Die Vollmacht wird durch eine **empfangsbedürftige Willenserklärung** – auch konkludent – erteilt (§ 167 Abs. 1 BGB), entweder unmittelbar dem zu Bevollmächtigenden (**Innenvollmacht**) oder dem Dritten, gegenüber dem die Stellvertretung stattfinden soll (**Außenvollmacht**).

467 Da die Vollmachtserteilung ein **einseitiges** Rechtsgeschäft ist, muss der zu Bevollmächtigende sie nicht annehmen.

468 Die **Innenvollmacht** kann der Vollmachtgeber auch nach außen dem Dritten oder der Öffentlichkeit **kundtun** (§ 171 Abs. 1 BGB), sowie dem Vertreter eine **Vollmachtsurkunde** ausstellen, die dieser dem Dritten vorzulegen hat (§ 172 Abs. 1 BGB). Den jeweiligen Adressaten gegenüber ist der Bevollmächtigte dann vertretungsbefugt.

469 Die Vollmachtserteilung ist grundsätzlich **formlos** gültig (§ 167 Abs. 2 BGB) und jederzeit **widerruflich** (§ 168 S. 2 BGB). Nur wenn die Parteien ausnahmsweise den Widerruf **ausschließen**, bedarf auch die Vollmachtserteilung der für das vom Vertreter vorzunehmende Geschäft vorgesehenen Form, um deren Umgehung zu vermeiden.

470 **Fall 57**

Carls Geschäfte laufen blendend, weshalb er noch mehr Platz für sein Warenlager braucht. Da er befürchtet, Direktor Oppelsheimer werde ihm nunmehr keinen allzu günstigen Preis mehr machen, wendet er sich an Agathe, die nach ihrem misslungenen Abstecher in die Forstwirtschaft für jeden Job dankbar ist, und bevollmächtigt sie per Telefon, aber unwiderruflich, für ihn mit Oppelsheimer einen Grundstückskaufvertrag abzuschließen. Als Agathe nach der notariellen Beurkundung etwas unvorsichtig Carls Namen Oppelsheimer gegenüber erwähnt, weigert sich dieser, Auflassung und Grundbucheintragung vornehmen zu lassen.

Kann Carl von Oppelsheimer die Erfüllung des Kaufvertrags verlangen? *Lösung Rn. 518*

b) Umfang

471 Die Vollmachtserteilung erfolgt regelmäßig auf Grundlage einer Rechtsbeziehung im **Innenverhältnis** zwischen dem zu bevollmächtigenden Vertreter und dem Vollmachtgeber. Dabei kann es sich beispielsweise um einen unentgeltlichen Auftrag (§ 662 BGB) oder einen entgeltlichen Geschäftsbesorgungsvertrag (§ 675 Abs. 1 BGB) handeln. Auch hier gilt jedoch das **Abstraktionsprinzip**, d.h. Grundgeschäft und Vollmacht sind prinzipiell **unabhängig** voneinander.

472 Während die Vollmacht (egal, ob sie im Innen- oder Außenverhältnis erteilt wurde) regelt, inwiefern der Stellvertreter den Vertretenen **im Außenverhältnis** gegenüber dessen Geschäftspartner berechtigen oder verpflichten **kann**, bestimmt der der Vollmachtserteilung zugrundeliegende Vertrag **im Innenverhältnis**, inwiefern der Stellvertreter den Vertretenen berechtigen oder verpflichten **darf**.

Diese Unterscheidung hat erhebliche rechtliche Bedeutung vor allem dann, wenn der Stellvertreter die ihm gesteckten Grenzen missachtet: Überschreitet er die ihm erteilte Vollmacht im **Außenverhältnis**, handelt er insoweit als Vertreter **ohne Vertretungsmacht**, die Wirksamkeit seiner Willenserklärung hängt von der Genehmigung des Vertretenen ab (§ 177 Abs. 1 BGB). Überschreitet der Stellvertreter dagegen lediglich seine Befugnis aus dem Grundgeschäft im **Innenverhältnis**, bleibt seine Willenserklärung im Außenverhältnis davon in der Regel **unberührt**. Er macht sich möglicherweise aber gegenüber dem Vertretenen wegen Verletzung seiner Vorgaben im Innenverhältnis **schadensersatzpflichtig** (vgl. § 280 Abs. 1 BGB). 473

Der Umfang einer Vollmacht im konkreten Einzelfall wird allein vom **Vollmachtgeber** bestimmt. In Zweifelsfällen ist die Erklärung nach den üblichen Grundsätzen **auszulegen**. Zu unterscheiden sind hier insbesondere die **Spezialvollmacht**, die nur dazu berechtigt, ein bestimmtes Geschäft vorzunehmen, und die **Generalvollmacht**, die dagegen im Rahmen zulässiger Stellvertretung die Vornahme sämtlicher Rechtsgeschäfte gestattet. 474

Beispiel

Für die handelsrechtlichen Vollmachten des Prokuristen und des Handlungsbevollmächtigten sind bereits im Gesetz entsprechende Abstufungen vorgesehen (vgl. §§ 49, 54 HGB). Je nach der Größe eines Betriebs kann sich eine Handlungsvollmacht insofern auch ohne weiteres auf Transaktionen von erheblichem Umfang erstrecken.

c) Erlöschen

Das Erlöschen einer Vollmacht richtet sich in erster Linie nach den **Bestimmungen der Vollmacht selbst**, die beispielsweise eine Befristung (§ 163 BGB) oder eine auflösende Bedingung (§ 158 Abs. 2 BGB) enthalten können. Bei Spezialvollmachten ist hilfsweise auf das Rechtsverhältnis abzustellen, das der Vollmachtserteilung **zugrundeliegt** (§ 168 S. 1 BGB). Ist dessen Zweck erreicht worden oder ist es endgültig gescheitert, erlischt auch die Vollmacht. 475

2. Rechtsscheinsvollmacht

In manchen Fällen wird der Geschäftspartner auch geschützt, selbst wenn tatsächlich **gar keine** ausdrückliche Vertretungsmacht besteht. Dabei ist **unerheblich**, ob der Vertreter zu irgendeinem Zeitpunkt in der Vergangenheit wirksam bevollmächtigt worden ist, diese Vertretungsbefugnis inzwischen aber **erloschen** ist, oder ob er **niemals** bevollmächtigt wurde. 476

In jedem Falle gilt insofern der allgemein anerkannte Rechtsgrundsatz, „dass derjenige, der einem **gutgläubigen** Dritten gegenüber **zurechenbar** den Rechtsschein einer Bevollmächtigung eines anderen setzt, sich so behandeln lassen muss, als habe er dem anderen **wirksam Vollmacht erteilt**". Im Hintergrund steht der Gedanke, dass dem Dritten in diesen Fällen nicht zuzumuten ist, die Bevollmächtigung im Einzelnen nachzuprüfen. 477

Im Zeitpunkt des Vertreterhandelns bedarf es zunächst eines **Rechtsschein-Trägers**, an den das Vertrauen des Geschäftspartners auf die Bevollmächtigung des ihm gegenüber Handelnden anknüpfen kann. Weiter muss der damit verbundene Rechtsschein 478 dem Vertretenen auch **zuzurechnen** sein. Schließlich muss der Geschäftspartner auf diesen Rechtsschein tatsächlich und berechtigterweise **vertraut** haben.

a) Gesetzliche Rechtsscheinstatbestände

479 Die §§ 170, 171 Abs. 2 und 172 Abs. 2 BGB bestimmen abhängig von der Art und Weise, in der die betreffende Vollmacht erteilt worden ist, wie lange diese andauert. Eine **wirksam** erteilte **Außenvollmacht** bleibt gegenüber dem Dritten solange bestehen, bis der Vollmachtgeber ihm ihr Erlöschen angezeigt hat (§ 170 BGB). Eine nach außen kundgegebene oder per ausgehändigter Urkunde mitgeteilte **Innenvollmacht** bleibt sogar **unabhängig** von ihrer anfänglichen Wirksamkeit bestehen, bis sie widerrufen bzw. zurückgegeben worden ist (§§ 171 Abs. 2, 172 Abs. 2 BGB).

480 Sofern der jeweilige Erlöschenstatbestand also noch nicht eingetreten ist, **besteht** eine einmal erteilte Vollmacht **fort**, unabhängig davon, ob dies dem Willen des Vertretenen noch entspricht, denn der Geschäftspartner weiß davon nichts (Ausnahme: § 173 BGB, siehe sogleich unten Rn. 489 f.).

481 Rechtsschein-Träger und damit Anknüpfungspunkt für das schützenswerte Vertrauen des Geschäftspartners ist hier die **Kundgabe** bzw. die **Urkunde**, die dem Vertretenen zuzurechnen ist, weil er die Kundgabe vorgenommen bzw. erkennbar die Urkunde ausgestellt hat. Auf ein besonderes Auftreten des Vertreters kommt es in diesen Fällen nicht an.

b) Duldungsvollmacht

482 Unabhängig von einem konkreten Willen zur Bevollmächtigung liegt eine Duldungsvollmacht (§§ 170 ff. BGB analog) vor, wenn der Vertretene es **wissentlich** zulässt („bewusstes Dulden", str.), dass eine andere Person wie ein Vertreter für ihn auftritt, und sein Geschäftspartner daraus **schließt und berechtigt schließen darf**, dass der Handelnde bevollmächtigt ist. Es genügt insofern bereits ein **einmaliges** Auftreten des Vertreters.

483 Rechtsschein-Träger ist hier das **vertretergleiche Auftreten** des Handelnden. Dieses wird dem Vertretenen zugerechnet, weil er es bewusst gestattet, indem er die damit verbundenen Wirkungen als für ihn rechtlich bindend anerkennt.

Beispiel: Der Geschäftsinhaber begleicht die unter Mitwirkung seines ehemaligen Angestellten begründete Kaufpreisforderung eines Lieferanten anstandslos.

484 Der **Umfang** dieser Vollmacht richtet sich nach dem jeweils geschaffenen Vertrauenstatbestand. Sie **endet**, wenn das wissentliche Dulden aufhört, die Vollmacht kann gegebenenfalls anschließend aber als **Anscheinsvollmacht** fortdauern. Der Vertretene kann sie gegebenenfalls auch **anfechten**, da ihm der entsprechende Erklärungswillen gefehlt hat.

c) Anscheinsvollmacht

Wie bei der Duldungsvollmacht ist auch bei der sog. Anscheinsvollmacht Rechtsschein-Träger das **vertretergleiche Auftreten** des Handelnden, aufgrund dessen der Geschäftspartner annehmen durfte, der Vertretene billige dieses Handeln zumindest. Anders jedoch als bei der Duldungsvollmacht **weiß** der Vertretene **nichts** von dem Verhalten seines vermeintlichen Vertreters, er hätte es freilich **bei pflichtgemäßer Sorgfalt erkennen und verhindern können**. Ihm wird das Auftreten des Handelnden hier deshalb zugerechnet, weil er wenigstens **fahrlässig** versäumt hat, den Anschein einer tatsächlichen Bevollmächtigung auszuräumen. 485

Als weitere Voraussetzung der Anscheinsvollmacht wird üblicherweise eine **gewisse Dauer oder Häufigkeit** des Vertreterhandelns verlangt. 486

Der **Umfang** dieser Vollmacht richtet sich ebenfalls nach dem jeweils geschaffenen Vertrauenstatbestand. Sie **endet**, wenn der tatsächlich abweichende Wille des scheinbaren Vollmachtgebers für dessen Geschäftspartner erkennbar wird. 487

Fall 58 488

Elvis ist zwar von Larry nie tatsächlich bevollmächtigt worden, erledigt aber hin und wieder Geschäfte für ihn. Oft gab es mit den Rechnungen zwar schon Ärger, aber schließlich zahlte Larry immer anstandslos. Bei seiner jüngsten Shopping-Tour („Ich besorg' mal wieder Material-Nachschub!") kauft Elvis beim BretzelmannClub, wo er schon häufiger war, für Larry 20 „Super Quadro Surround Sound Autoradios" für insgesamt € 10 000. Auf dem Rückweg bemerkt er zum ersten Mal den Laden von Ting-Lao, und kauft dort kurzentschlossen, ebenfalls in Larrys Namen und für dessen Rechnung, eine schmucke Zierpalme für € 300, um dessen Geschäft noch ein wenig mehr Exotik-Flair zu verleihen.

Können der BretzelmannClub und Ting-Lao von Larry jeweils Zahlung verlangen?

Lösung Rn. 520

d) Ausschluss

Sämtliche der vorgenannten Rechtsscheinstatbestände sind **ausgeschlossen**, wenn der Dritte im Zeitpunkt der rechtsgeschäftlichen Handlung des vermeintlichen Vertreters **bösgläubig** war, d.h. wusste oder fahrlässig nicht wusste, dass der Handelnde gar **keine Vertretungsmacht** (mehr) besaß (§ 173 BGB, gegebenenfalls analog). 489

Gemäß dem Wortlaut von § 173 BGB kommt es insofern auf die Kenntnis vom **Mangel der Vertretungsmacht selbst** und nicht die ihn begründenden Umstände an. Welche Anstrengungen dem Geschäftspartner zuzumuten sind, um sich keinen Sorgfaltsverstoß vorwerfen lassen zu müssen, lässt sich nur im **Einzelfall** entscheiden. Eine allgemeine „Überprüfungs- und Nachforschungspflicht" besteht nicht. 490

III. Rechtsfolgen wirksamer Stellvertretung

491 Durch eine wirksame Stellvertretung wird **allein und unmittelbar** der **Vertretene** berechtigt und verpflichtet (§ 164 Abs. 1 S. 1 BGB). Mit dem vom Stellvertreter vorgenommenen Geschäft wird daher in der Regel kein Rechtsverhältnis zwischen ihm und dem Geschäftspartner des Vertretenen begründet.

492 Da der Stellvertreter aber seine eigene Willenserklärung abgibt, ist nicht auf den Vertretenen abzustellen, sondern auf den **Vertreter selbst**, wenn bei der Willenserklärung möglicherweise **Willensmängel** (§§ 116 ff. BGB) vorliegen, es auf etwaiges geschäftlich oder privat erlangtes **Wissen** ankommt oder **fahrlässige Unkenntnis** (vgl. §§ 122 Abs. 2, 276 Abs. 2 BGB) eine Rolle spielt (§ 166 Abs. 1 BGB).

493 **Fall 59**

Die immer noch 13-jährige Zelda hält sich nach der Schule häufig in Ulfs Plattenladen auf, weil dort die Musik immer so schön laut ist. Da ihr guter Musikgeschmack Ulf beeindruckt, schickt er Zelda ab und zu los, nach interessanten Platten für sein Geschäft Ausschau zu halten. Bei einem dieser Streifzüge entdeckt Zelda an Kunigundes Stand auf dem Flohmarkt eine ganze Kiste ausgefallener Scheiben, die sie sogleich „Für Ulfs Plattenladen!" zu einem sehr günstigen Preis erwirbt. Stolz auf ihr Talent als Einkäuferin übersieht sie leider völlig, dass offensichtlich ein Großteil der Platten – wohl aufgrund längerer Sonneneinstrahlung – schon ein wenig arg wellig ist. Entsprechend kurz währt ihre Freude bei der Rückkehr zum Laden von Ulf, der nicht fassen kann, was Zelda da für einen Schrott gekauft hat.

Kann Ulf gegen Kunigunde Mängelgewährleistungsansprüche (§§ 434 ff. BGB) geltend machen?

Lösung Rn. 524

494 Hat der **bevollmächtige** Stellvertreter jedoch im weiteren Sinne auf eine **Weisung** des Vertretenen gehandelt, ist hinsichtlich der soeben genannten Aspekte (Willensmängel, Wissen, fahrlässige Unkenntnis) wiederum doch zusätzlich die Person des **Vertretenen** zu berücksichtigen (§ 166 Abs. 2 BGB, gegebenenfalls analog). Er kann sich in diesem Fall nicht hinter dem Stellvertreter „verstecken", da er selbst die Zügel in der Hand hält.

Beispiel Veranlasst der Vertretene den von ihm bevollmächtigen Stellvertreter zum Erwerb eines Autos von einem Dritten, obwohl er weiß, dass der Dritte nicht Eigentümer ist, kommt es ihm nicht zugute, dass der Stellvertreter insofern gutgläubig ist (vgl. § 932 Abs. 1 S. 1 BGB).

495 Dem Geschäftsherrn ist auch die Kenntnis oder fahrlässige Unkenntnis so genannter **Wissensvertreter** zuzurechnen (§ 166 Abs. 1 BGB analog). Dabei handelt es sich **nicht** um Stellvertreter, sondern Personen, die je nach der Arbeitsorganisation im konkreten Einzelfall für den Geschäftsherrn im Rechtsverkehr eigenverantwortlich gewisse Repräsentationsfunktionen vornehmen. Üblicherweise ist allerdings nur **geschäftlich** erlangtes Wissen (vgl. § 70 S. 2 Versicherungsvertragsgesetz) zu berücksichtigen.

Beispiel Wissensvertreter in diesem Sinne sind unter anderem der Versicherungsvertreter (vgl. § 70 S. 1 i.V.m. § 59 Abs. 2 VVG) oder ein als Vermittler auftretendes Reisebüro. Keine Wissensvertreter sind dagegen am Vertragsschluss selbst nicht beteiligte Mitarbeiter des Geschäftsherrn, Makler oder Notare sind es regelmäßig ebenso wenig.

IV. Missbrauch der Vertretungsmacht

Ein Missbrauch der Vertretungsmacht durch den gesetzlichen oder bevollmächtigten Vertreter liegt vor, wenn dieser zwar **innerhalb** der Grenzen seiner **Vertretungsmacht** handelt, dabei jedoch seine Befugnisse aus dem Grundgeschäft im **Innenverhältnis** mit dem Vollmachtgeber **überschreitet**. **496**

Weiß der Dritte **nichts** von dem Missbrauch, handelt der Stellvertreter im Außenverhältnis **wirksam** für den Vertretenen, er macht sich diesem gegenüber freilich gegebenenfalls im Innenverhältnis **schadensersatzpflichtig** (vgl. § 280 Abs. 1 BGB). Das Haftungsrisiko im Außenverhältnis trägt allerdings allein der Vertretene. **497**

Kennt der Dritte indessen die insofern mangelnde Befugnis des Stellvertreters oder ist es **objektiv evident**, dass diesem die entsprechende Befugnis fehlt, ist der Geschäftspartner des Vertretenen **nicht schutzwürdig**. Nach h.M. ist das Geschäft wie im Falle des Handelns ohne Vertretungsmacht **schwebend unwirksam** und von einer etwaigen Genehmigung des Vertretenen abhängig (§ 177 Abs. 1 BGB analog). Gegebenenfalls sind Korrekturen nach dem Grundsatz von Treu und Glauben möglich (§ 242 BGB).

Wirken Dritter und Vertreter sogar **einverständlich** zusammen, um den Vertretenen zu schädigen (**Kollusion**), ist das Geschäft wegen **Sittenwidrigkeit** gem. § 138 Abs. 1 BGB nichtig. **498**

Fall 60 **499**

Carls umfangreiche Investitionen auf dem Weinsektor machen eine gewisse Gegenfinanzierung unausweichlich. Er beauftragt daher die inzwischen fest bei ihm als Prokuristin angestellte Agathe, seinen lindgrünen Ferrari F40 möglichst gewinnbringend, d.h. an den Meistbietenden, zu verkaufen. Agathe gibt in Carls Namen eine entsprechende Annonce in der Zeitung auf. Larry offeriert daraufhin € 180 000, Direktor Oppelsheimer dagegen nur € 150 000. Dennoch überlässt Agathe (natürlich...) letzterem den Renner.

Kann Oppelsheimer Erfüllung des Kaufvertrags verlangen?

Abwandlung: Ändert sich das Ergebnis, wenn Oppelsheimer wusste, dass er nur aufgrund seiner Beziehung zu Agathe gegenüber Larry den Vorzug erhalten hat? *Lösung Rn. 529*

V. Handeln ohne Vertretungsmacht

1. Auswirkungen auf das Vertretergeschäft

Handelt ein Vertreter ohne Vertretungsmacht (auch: falsus procurator), d.h. im **Außenverhältnis** jenseits seiner durch Gesetz oder Rechtsgeschäft erteilten Vertretungsbefugnis, wird der Vertretene dadurch **nicht** berechtigt oder verpflichtet. Das betreffende Vertretergeschäft ist vielmehr zunächst **schwebend unwirksam** (§ 177 Abs. 1 BGB). **500**

Der Vertretene kann das Geschäft allerdings **genehmigen**, um es rückwirkend wirksam werden zu lassen (§§ 177 Abs. 1, 184 Abs. 1 BGB). Als Ausgleich für die andauernde Ungewissheit über den Status des Vertretergeschäfts stehen dem Dritten aber auch **Gestaltungsrechte** zu, d.h. er kann den Vertretenen selbst zu einer Erklärung über die **501**

Genehmigung auffordern (§ 177 Abs. 2 BGB) und bis zur Erteilung der Genehmigung seine Willenserklärung im Zusammenhang mit dem Vertretergeschäft **widerrufen** (§ 178 BGB). Parallelen zu den Minderjährigenvorschriften (§§ 108, 109 BGB) sind insofern unübersehbar.

2. Persönliche Haftung des Vertreters

502 Weigert sich der Vertretene endgültig, das Vertretergeschäft zu genehmigen oder gilt die Genehmigung als verweigert (vgl. § 177 Abs. 2 S. 2 BGB), ist der Vertreter selbst **verschuldensunabhängig** dazu verpflichtet, nach Wahl des Geschäftspartners das Geschäft ausnahmsweise selbst zu **erfüllen** oder **Schadensersatz** zu leisten (§ 179 Abs. 1 BGB). Der Schadensersatz bemisst sich nach dem **Erfüllungsinteresse** und ist auf Geldersatz gerichtet.

503 **Wusste** der **Vertreter** allerdings **nicht** – gleichgültig ob fahrlässig oder nicht –, dass ihm die Vertretungsbefugnis fehlte, haftet er nur in Höhe eines etwaigen **Vertrauensschadens**, den der Geschäftspartner im Zusammenhang mit einer weiteren wirtschaftlichen Entscheidung erlitten hat, die er in dem Glauben getroffen hat, das Vertretergeschäft sei wirksam (§ 179 Abs. 2 BGB). Das **Erfüllungsinteresse** aus dem Vertretergeschäft selbst bildet aber auch hier die Maximalgrenze (vgl. dazu oben Rn. 412 f. bereits die Erläuterungen zur Parallelvorschrift in § 122 Abs. 1 BGB).

504 Der Vertreter haftet schließlich **überhaupt nicht**, wenn der **Geschäftspartner** wusste oder fahrlässig nicht wusste, dass ihm die Vertretungsbefugnis fehlte (§ 179 Abs. 3 S. 1 BGB), denn der Dritte ist in diesen Fällen nicht schutzwürdig. Der Geschäftspartner darf allerdings prinzipiell der vom Vertreter behaupteten Vertretungsmacht **glauben** und muss Nachforschungen erst anstellen, wenn sich Anhaltspunkte für deren Fehlen ergeben.

505 **Fall 61**

Pedro hat das „Los Amigos" ja wegen seiner Trunksucht und missglückter Umgehungsgeschäfte leider schon vor längerem verlassen müssen. Er macht allein Carl für sein widriges Schicksal verantwortlich und sinnt unverändert auf Rache. Da er noch die entsprechenden Unterlagen hat, bestellt er für das Lokal beim Vongzong-Versand zehn Punchingbälle und beim Mümmelmeier-Versand zehn Skunks, die Carl „sicher gut gebrauchen" kann. Der Vongzong-Versand wusste nichts von Pedros zwischenzeitlicher Entlassung, der Mümmelmeier-Versand dagegen hatte davon erfahren. Beide Unternehmen verlangen von Carl Bezahlung und Abnahme der Waren. Weil Carl sich mit Händen und Füßen wehrt, begehren sie hilfsweise zumindest Schadensersatz von Pedro.

Wie ist die Rechtslage? *Lösung Rn. 533*

VI. Insichgeschäft

506 Ein Vertreter kann grundsätzlich **nicht auf beiden Seiten** desselben Geschäfts tätig werden, einerlei ob allein oder mit weiteren Personen (§ 181 BGB), da die Gefahr eines Interessenkonflikts zu groß ist und Dritte dadurch geschädigt werden könnten. Ein

dennoch abgeschlossenes Geschäft ist aber nicht endgültig, sondern nur **schwebend unwirksam**, d.h. der Vertretene kann es genehmigen (§ 177 Abs. 1 BGB analog).

Ausnahmsweise kann ein Insichgeschäft von Anfang an **wirksam** sein: Einmal dann, **507** wenn es durch Gesetz oder Rechtsgeschäft **gestattet** worden ist, beispielsweise im Rahmen einer Kontovollmacht, außerdem, wenn dadurch lediglich eine gültige und durchsetzbare **Verbindlichkeit erfüllt** wird, so beispielsweise die Zahlung des vereinbarten Kaufpreises (vgl. § 181 BGB).

Wenn das Vertretergeschäft dem Vertretenen ausschließlich einen **rechtlichen Vorteil** **508** bringt, ist das Verbot des § 181 BGB seinem Sinn gemäß schon gar nicht einschlägig.

Fall 62 **509**

Kunigunde schenkt ihrem Sohn Gerwin ein kleines, günstig in der Nähe von Diethelms Kleintierzoo gelegenes Grundstück. Sie hat es selbst schon vor längerem von ihrem Großvater bekommen, der sich allerdings als großer Holland-Fan den weiteren Betrieb einer von ihm vor Urzeiten in mühevoller Handarbeit errichteten Windmühle einschließlich der Pflege eines Bataillons geschmackvoller Gartenzwerge mittels einer Reallast (vgl. §§ 1105 ff. BGB) abgesichert hat.

Ist die Schenkung (Verpflichtungs- und Verfügungsgeschäft) wirksam? *Lösung Rn. 538*

VII. Falllösungen

▶ Fall 53 ◀ *(Rn. 454, Bote und Anfechtung)*

▷ *Die Formulierung „Wie ist die Rechtslage?" muss nicht immer bedeuten, dass* **510** *verschiedenste Ansprüche unterschiedlicher Personen zu prüfen sind, sondern kann sich auch auf eine einzelne Anspruchsgrundlage beziehen, wenn sich dort sämtliche Probleme des Falles behandeln lassen. So ist es hier: Trotz der allgemeinen Fragestellung ist sinnvollerweise nur ein Zahlungsanspruch des Mümmelmeier-Versands zu prüfen, in dessen Rahmen alle weiteren Fragen inzident anzusprechen sind.*

1. Zahlungsanspruch von Mümmelmeier aus § 433 Abs. 2 BGB in Höhe von € 4300

Der Mümmelmeier-Versand könnte einen Anspruch gegen Diethelm auf Zahlung von € 4300 aus § 433 Abs. 2 BGB haben. Dazu müsste zunächst ein entsprechender Kaufvertrag zustande gekommen sein.

Mümmelmeier hat ein telefonisches **Angebot** über € 4300 abgegeben, dass Diethelm **511** aber auch zugegangen sein müsste. Er selbst war zum fraglichen Zeitpunkt gar nicht zuhause, aber sein minderjähriger Neffe Gerwin hat den Anruf entgegengenommen. Da dieser keine eigene Willenserklärung abgeben, sondern nur die des Mümmelmeier-Versands weiterleiten sollte, ist er rechtlich als **Bote** einzuordnen und nicht als Stellvertreter (was ihm freilich mit Blick auf § 165 BGB nicht verwehrt gewesen wäre).

512 Gerwin könnte sowohl **Erklärungsbote** Mümmelmeiers als auch **Empfangsbote** Diethelms gewesen sein. Diese Unterscheidung ist insofern von Bedeutung, als dass Gerwin später Diethelm den falschen Betrag von € 3400 nennt. Im ersten Fall beträfe dieser Irrtum allein die Risikosphäre Mümmelmeiers, es wäre folglich objektiv von einem Zugang des Angebots tatsächlich nur in Höhe von € 3400 auszugehen. Im zweiten Fall dagegen trüge Diethelm das Risiko, es wäre daher ein Betrag von € 4300 anzunehmen. Nach dem Sachverhalt liegt es hier näher, den Familienangehörigen Gerwin, der sich zudem in Diethelms Wohnung aufhält, als seinen Empfangsboten zu betrachten.

Im Ergebnis ist damit ein Kaufvertrag über € 4300 zustande gekommen, der Mümmelmeier-Versand kann von Diethelm aus § 433 Abs. 2 BGB Zahlung in dieser Höhe verlangen.

2. Anfechtung wegen Inhaltsirrtums gem. § 119 Abs. 1, 1. Alt. BGB

513 Dass Diethelm nicht mehr als € 3400 bezahlen will, lässt sich allerdings als **konkludente Anfechtungserklärung** (§ 143 Abs. 1 BGB) auslegen.

Als Anfechtungsgrund kommt eine **Falschübermittlung** durch Gerwin gem. § 120 BGB nicht in Frage, denn dies betrifft nur die Willenserklärung Mümmelmeiers (Angebot), die Diethelm als **fremde** Willenserklärung nicht anfechten kann. Seine **eigene** Willenserklärung (Annahme) kann er dagegen wegen **Inhaltsirrtums** gem. § 119 Abs. 1, 1. Alt. BGB anfechten, da er eben niemals zum Preis von € 4300, sondern nur zu € 3400 das Chinchilla kaufen wollte. Bei fristgerechter Anfechtungserklärung (vgl. § 121 Abs. 1 BGB) wäre der Kaufvertrag rückwirkend nichtig (§ 142 Abs. 1 BGB), Mümmelmeier verlöre seinen Zahlungsanspruch aus § 433 Abs. 2 BGB.

▷ *Ordnete man Gerwin entgegen der hier vertretenen Ansicht als Erklärungsbote Mümmelmeiers ein, käme ein Kaufvertrag über € 3400 zustande, den Mümmelmeier wiederum – nun tatsächlich wegen Falschübermittlung der eigenen Willenserklärung gem. § 120 BGB – anfechten könnte.*

▶ Fall 54 ◀ *(Rn. 460, Handeln unter falscher Namensangabe)*

514 Da dem Hotel die zutreffenden Namen der einzuquartierenden Personen gleichgültig sind, kontrahiert es mit den Anwesenden: Agathe und Direktor Oppelsheimer werden in einem **Eigengeschäft** seine Vertragspartner.

▶ Fall 55 ◀ *(Rn. 462, Identitätstäuschung)*

515 Anders als in **Fall 54** will das Hotel hier laut Sachverhalt nur mit Elvis Presley einen Beherbergungsvertrag abschließen. Elvis „Normalo“ erhält das Zimmer nur aufgrund der falschen Namensangabe, seine **Identitätstäuschung** ist mithin **kausal** für den Vertragsabschluss durch das Hotel. Es liegt deshalb auch kein Eigengeschäft von Elvis „Normalo“ vor, sondern ein **Fremdgeschäft**, in dessen Rahmen er behandelt wird wie

ein Vertreter ohne Vertretungsmacht. Er konnte somit allein gar keinen wirksamen Vertrag abschließen (vgl. § 177 Abs. 1 BGB).

Elvis Presley könnte den Vertrag freilich **genehmigen**, und dadurch noch rückwirkend wirksam werden lassen (§ 177 Abs. 1 BGB analog). Wenn er dies nicht tut, wovon wohl auszugehen ist, **haftet** Elvis „Normalo" dem Hotel persönlich auf Erfüllung oder für etwaige Schäden (§ 179 Abs. 1 BGB analog).

▶ Fall 56 ◀ *(Rn. 464, Mittelbare Stellvertretung)*

Nico handelt zwar im Interesse Diethelms und auch mit dessen Geld, es geht aus dem **516**
Sachverhalt aber nicht hervor, ob er auch dem Mümmelmeier-Versand gegenüber als Vertreter Diethelms, d.h. in fremdem Namen aufgetreten ist. Mangels Offenkundigkeit ist hier deshalb tendenziell nur von einer **mittelbaren Stellvertretung** auszugehen. Danach hat Nico lediglich im eigenen Namen gehandelt und wird selbst auch Vertragspartner von Mümmelmeier.

Um Diethelm doch noch zum Vertragspartner zu machen, ließe sich zwar an die Figur **517**
eines **„Geschäfts für den, den es angeht"** denken, zumal dem Mümmelmeier-Versand die konkrete Person seines Gegenübers wohl gleichgültig sein wird, aber der Umfang (Erwerb von zehn Tonnen Biberstreu) spricht gegen eine Einordnung als alltägliches Geschäft.

▶ Fall 57 ◀ *(Rn. 470, Vollmachtserteilung)*

Carl könnte von Oppelsheimer die Erfüllung des Kaufvertrags verlangen, wenn dieser **518**
wirksam zustande gekommen wäre.

Ein **Grundstückskaufvertrag** bedarf gem. § 311b Abs. 1 S. 1 BGB der notariellen Beurkundung (§ 128 BGB). Zwar liegt eine solche im vorliegenden Fall vor, aber Carl schließt den Kaufvertrag nicht persönlich ab, sondern schickt Agathe als Stellvertreterin vor. Sie wiederum konnte in Carls Namen den Kaufvertrag nur wirksam abschließen, wenn sie tatsächlich vertretungsbefugt war. Carl bevollmächtigt sie hier lediglich telefonisch, was prinzipiell kein Problem darstellt, weil die Vollmachtserteilung in der Regel **formlos** möglich ist, selbst dann wenn das vorzunehmende Rechtsgeschäft selbst formbedürftig ist (§ 167 Abs. 2).

Agathe wurde hier jedoch **unwiderruflich** bevollmächtigt. In diesem Fall bedarf aus- **519**
nahmsweise auch bereits die Bevollmächtigung derselben Form wie das spätere Vertretergeschäft. Daran fehlt es hier, Agathe war nicht vertretungsbefugt und konnte folglich den Kaufvertrag nicht wirksam abschließen. Carl hat somit keinen Anspruch auf Erfüllung.

▶ Fall 58 ◀ *(Rn. 488, Duldungs- und Anscheinsvollmacht)*

1. Anspruch des BretzelmannClubs gegen Larry auf Kaufpreiszahlung in Höhe von € 10 000 gem. § 433 Abs. 2 BGB

520 Der BretzelmannClub könnte einen Zahlungsanspruch gegen Larry haben, wenn Elvis ihn wirksam vertreten hätte (§ 164 Abs. 1 S. 1 BGB).

Elvis hat eine **eigene Willenserklärung** abgegeben und handelt **offenkundig** in Larrys Namen. Allerdings hat ihn Larry bislang nicht ausdrücklich bevollmächtigt (vgl. § 167 Abs. 1 BGB).

521 Zu denken ist aber an eine Vollmacht kraft Rechtsscheins, da Elvis im Rechtsverkehr wie ein Stellvertreter von Larry auftritt. Mit Blick auf sein bisheriges Verhalten (letzten Endes anstandsloses Begleichen der Rechnungen) hat Larry auch zurechenbar den Rechtsschein gesetzt, er sei mit dem Handeln von Elvis einverstanden. Der BretzelmannClub durfte darauf vertrauen und tat dies vorliegend auch. Damit liegt hier seitens Larry eine **Duldungsvollmacht** (§§ 170 ff. BGB analog) vor, Elvis hat ihn wirksam verpflichtet und der BretzelmannClub kann gem. § 433 Abs. 2 BGB von Larry die Bezahlung des Kaufpreises verlangen.

2. Anspruch von Ting-Lao gegen Larry auf Kaufpreiszahlung in Höhe von € 300 gem. § 433 Abs. 2 BGB

522 Auch Ting-Lao könnte ein Zahlungsanspruch nur zustehen, wenn Larry von Elvis wirksam vertreten worden ist.

Als Zurechnungstatbestand kommt mangels ausdrücklicher Bevollmächtigung wieder nur eine Rechtsscheinsvollmacht in Betracht. Eine **Duldungsvollmacht** scheidet allerdings aus, da Larry von seinem Einkauf bei Ting-Lao gar nichts weiß, sein Einverständnis daher auch nicht einfach unterstellt werden kann.

523 Eine **Anscheinsvollmacht** wiederum, bei der es bereits genügt, dass der Vertretene den Rechtsschein fahrlässig setzt, scheitert jedenfalls daran, dass sich im Verhältnis zu Ting-Lao noch **keine wirkliche Geschäftspraxis** herausbilden konnte, da Elvis zum ersten Mal dort war. Ein Larry verpflichtender Kaufvertrag ist daher nicht zustande gekommen, Ting-Lao kann von ihm die € 300 nicht verlangen. Er mag sich freilich an Elvis selbst wenden (§ 179 Abs. 1 BGB analog).

▶ Fall 59 ◀ *(Rn. 493, Wissenszurechnung)*

1. Zustandekommen eines wirksamen Kaufvertrags gem. § 433 BGB

524 Damit Ulf gegen Kunigunde überhaupt etwaige Mängelgewährleistungsansprüche geltend machen könnte, müsste zwischen ihnen zunächst ein wirksamer Kaufvertrag gem. § 433 BGB zustande gekommen sein.

525 Ulf handelt allerdings nicht selbst, sondern er hat Zelda losgeschickt, damit sie nach geeigneten Schallplatten für ihn sucht. Zelda könnte daher prinzipiell seine **Stellver-**

treterin sein: Innerhalb ihrer Vertretungsbefugnis gibt sie Kunigunde gegenüber, auch erkennbar in Ulfs Namen, eine eigene Willenserklärung ab (vgl. § 164 Abs. 1 S. 1 BGB).

Fraglich ist jedoch, ob Zelda als **Minderjährige** und damit nur beschränkt Geschäfts- **526**
fähige (§ 106 BGB) einen wirksamen Kaufvertrag abschließen konnte. Der Abschluss eines solchen Vertrags ist wegen der mit ihm verbundenen Pflicht zur Kaufpreiszahlung gem. § 433 Abs. 2 BGB immer nachteilhaft (§ 107 BGB), allerdings trifft Zelda diese Pflicht gar nicht selbst, denn berechtigt und verpflichtet wird aus dem Kaufvertrag mit Kunigunde lediglich der von ihr vertretene Ulf, Zeldas Minderjährigkeit ist daher **kein Hindernis** (§ 165 BGB). Damit ist zwischen Ulf und Kunigunde ein wirksamer Kaufvertrag über die Schallplatten zustande gekommen.

2. Anspruch aus Sachmängelgewährleistung gem. §§ 434 ff. BGB

Auf Grundlage des Kaufvertrags könnte Ulf möglicherweise einen Anspruch auf Sach- **527**
mängelgewährleistung gegen Kunigunde haben.

Da die Schallplatten „arg wellig" sind, liegt zumindest ein **Sachmangel** im Sinne von § 434 Abs. 1 S. 2 Nr. 2 BGB vor, denn dass eine Schallplatte gewellt ist, entspricht nicht ihrer üblichen Beschaffenheit und macht sie darüber hinaus gänzlich unbrauchbar. Ulf stehen daher als Käufer eine Reihe von Gewährleistungsrechten zu, unter anderem auch die Rückabwicklung des Kaufvertrags (vgl. § 437 BGB). Allerdings sind diese Rechte ausgeschlossen, wenn der Käufer bei Vertragsschluss bereits **Kenntnis** von den Sachmängeln hat (§ 442 Abs. 1 BGB). Nun hat Ulf den Kauf gar nicht selbst getätigt, sondern Zelda hat das für ihn getan.

Kommt es jedoch bei einer Willenserklärung auf die Kenntnis der Vertragsumstände **528**
an, ist nicht auf den Vertretenen, sondern den **Vertreter selbst** anzustellen (§ 166 Abs. 1 BGB). Seine Kenntnis oder fahrlässige Unkenntnis wird dem Vertretenen zugerechnet. Zelda hatte bei ihrem Kauf aus lauter Euphorie übersehen, dass die Schallplatten mangelhaft waren, obwohl dies problemlos zu erkennen gewesen wäre („offensichtlich"). Sie hat den Kauf damit zwar wenn schon nicht in Kenntnis (§ 442 Abs. 1 S. 1 BGB), zumindest aber in **grob fahrlässiger Unkenntnis** (§ 442 Abs. 1 S. 2 BGB) des Sachmangels getätigt. Da der Sachverhalt keinerlei Anhalt dafür bietet, dass Kunigunde arglistig gehandelt hätte (siehe nochmals § 442 Abs. 1 S. 2 BGB), muss sich Ulf Zeldas „Wissen" **zurechnen** lassen. Er kann deshalb im Ergebnis keine Gewährleistungsansprüche geltend machen.

▶ Fall 60 ◀ *(Rn. 499, Missbrauch der Vertretungsmacht)*

Oppelsheimer könnte von Carl die Übereignung des Ferrari gem. § 433 Abs. 1 S. 1 BGB **529**
verlangen, wenn zwischen ihnen ein wirksamer Kaufvertrag zustande gekommen wäre.

Carl hat zwar nicht selbst gehandelt, es könnte ihn aber Agathe **wirksam vertreten** haben (§ 164 Abs. 1 S. 1 BGB). Sie hat eine eigene Willenserklärung abgegeben (Annahme des Angebots von Oppelsheimer), was offenkundig auch im Namen Carls geschah (Annonce) und war als **Prokuristin** vertretungsberechtigt (handelsrechtlich erteilte Vollmacht, vgl. §§ 48 Abs. 1, 49 Abs. 1 HGB).

530 Carl hatte Agathe freilich angewiesen, den Ferrari an den Meistbietenden zu verkaufen. Indem sie das Fahrzeug statt an Larry an den deutlich weniger bietenden Oppelsheimer veräußert, **verletzt** sie diese Vereinbarung aus dem **Innenverhältnis**. Ein solches Risiko trifft jedoch allein Carl, Oppelsheimer ist demgegenüber schutzwürdig, da er die betrieblichen Interna seines Geschäftspartners üblicherweise nicht kennt und zudem auf den gesetzlich bestimmten Umfang der Prokura vertrauen darf. So haben auch dem Gesetzeswortlaut nach Beschränkungen im Innenverhältnis prinzipiell **keine Außenwirkung** (vgl. § 50 Abs. 1 und 2 HGB). Ergo kommt ein wirksamer Kaufvertrag zwischen Carl und Oppelsheimer zustande, dieser kann die Übereignung des Ferrari gegen Zahlung von € 150 000 gem. § 433 Abs. 1 S. 1 BGB verlangen.

531 **Abwandlung:** Nun indes weiß Oppelsheimer, dass Agathe ihre Vertretungsmacht im Innenverhältnis missbraucht, er ist **nicht mehr schutzwürdig**. Zwar werden mit Rücksicht auf die handelsrechtliche Bedeutung Einschränkungen der Prokura nur unter engeren Voraussetzungen gemacht als bei der bürgerlich-rechtlichen Stellvertretung gem. §§ 164 ff. BGB (vgl. schon hinsichtlich der bloßen Handlungsvollmacht § 54 Abs. 3 HGB).

532 Bei **positiver Kenntnis** vom Missbrauch der Vertretungsmacht durch die Prokuristin, wie sie hier bei Oppelsheimer besteht, kann sich der betreffende Geschäftspartner jedoch nicht mehr auf die generell unbeschränkte Prokura bzw. den Ausweis des Handelsregisters (vgl. § 53 HGB) berufen. Ein bewusst den Vertretenen schädigendes Zusammenwirken mit dem Prokuristen ist insofern nicht notwendig. Es kommt hier daher kein wirksamer Kaufvertrag zwischen Carl und Oppelsheimer zustande, letzterer kann die Übereignung des Ferrari nicht verlangen, es sei denn, Carl würde das Geschäft rückwirkend genehmigen (§ 177 Abs. 1 BGB analog).

▶ Fall 61 ◀ *(Rn. 505, Vertreter ohne Vertretungsmacht)*

1. Anspruch des Vongzong-Versands gegen Carl auf Kaufpreiszahlung und Abnahme gem. § 433 Abs. 2 BGB

533 Für einen Anspruch aus § 433 Abs. 2 BGB müsste zwischen dem Vongzong-Versand und Carl ein wirksamer Kaufvertrag zustande gekommen sein.

Gehandelt hat nicht Carl selbst, sondern Pedro. Es ist allerdings fraglich, ob der ihn **noch wirksam vertreten** konnte (§ 164 Abs. 1 S. 1 BGB). Auch wenn unterstellt werden kann, dass Pedro als ehemaliger Wirt des „Los Amigos" ursprünglich bevollmächtigt war, für Carl Geschäfte im Zusammenhang mit dem Betrieb des Lokals vorzunehmen, so ist diese Vollmacht mit der Beendigung von Pedros Arbeitsverhältnis wohl **erloschen**, weil der Sachverhalt insofern keine entgegenstehenden Angaben enthält (§ 168 S. 1 BGB).

534 Pedro handelte gegenüber dem Vongzong-Versand somit als **Vertreter ohne Vertretungsmacht**, der Kaufvertrag war zunächst schwebend unwirksam (§ 177 Abs. 1 BGB).

Da Carl eine Genehmigung aber verweigert, ist der Kaufvertrag auch endgültig unwirksam, dem Vongzong-Versand stehen gegen ihn keine Ansprüche aus § 433 Abs. 2 BGB zu.

2. Anspruch des Mümmelmeier-Versands gegen Carl auf Kaufpreiszahlung und Abnahme gem. § 433 Abs. 2 BGB

Aus denselben Gründen hat auch der Mümmelmeier-Versand keine Ansprüche aus § 433 Abs. 2 BGB gegen Carl. **535**

3. Anspruch des Vongzong-Versands gegen Pedro aus § 179 Abs. 1 BGB

Da Carl die Genehmigung des Kaufvertrags verweigert hat, könnte der Vongzong- **536**
Versand allerdings gegen Pedro einen **Erfüllungs- oder Schadensersatzanspruch** gem. § 179 Abs. 1 BGB haben.

Pedro handelte wissentlich (vgl. § 179 Abs. 2 BGB) als Vertreter ohne Vertretungsmacht, der Vongzong-Versand **wusste** davon jedoch **nichts**, und hätte zumal wegen des von Pedro verwendeten Briefpapiers keinen Verdacht schöpfen müssen (vgl. § 179 Abs. 3 S. 1 BGB). Pedro schuldet deshalb dem Vongzong-Versand nach dessen Wahl Erfüllung des Kaufvertrags oder Ersatz eines etwaigen Schadens.

4. Anspruch des Mümmelmeier-Versands gegen Pedro aus § 179 Abs. 1 BGB

Auch dem Mümmelmeier-Versand stünde grundsätzlich ein Anspruch gem. § 179 **537**
Abs. 1 BGB gegen Pedro zu.

Laut Sachverhalt **wusste** er freilich bei Pedros Bestellung bereits, dass dieser den Carl wegen seiner Entlassung nicht mehr wirksam vertreten konnte, er durfte allein auf das Briefpapier nicht mehr vertrauen. Dem Mümmelmeier-Versand gegenüber haftet Pedro daher nicht (§ 179 Abs. 3 S. 1 BGB).

▶ Fall 62 ◀ *(Rn. 509, Insichgeschäft)*

1. Wirksamkeit des Schenkungsvertrags gem. § 516 Abs. 1 BGB

Der **schuldrechtliche** Schenkungsvertrag gem. § 516 Abs. 1 BGB ist für den minderjäh- **538**
rigen Gerwin rechtlich nur **vorteilhaft**, weil er damit einen Anspruch auf die Übereignung des Grundstücks von Kunigunde erhält (§ 107 BGB). Er kann daher ihr Angebot selbst annehmen und braucht sich nicht von ihr vertreten zu lassen.

Das Problem eines **Insichgeschäfts** gem. § 181 BGB stellt sich insofern gar nicht. **539**
Genauer ausgedrückt, die § 107 BGB zugrundeliegende Wertung gebietet eine **teleologische Reduktion** des § 181 BGB, da der Minderjährige bei für ihn rechtlich rein vorteilhaften Geschäften auch durch das beiderseitige Auftreten eines gesetzlichen Vertreters nicht gefährdet zu werden droht.

2. Wirksamkeit der Übereignung gem. §§ 873, 925 BGB

540 Die **Übereignung** des Grundstücks gem. §§ 873, 925 BGB (Auflassung und Eintragung ins Grundbuch) könnte jedoch für Gerwin rechtlich **nachteilhaft** sein, weil das Grundstück mit einer Reallast versehen ist. Für die mit einer Reallast verbundenen Kosten haftet der Eigentümer nämlich eventuell sogar **persönlich** (§ 1108 Abs. 1 BGB, anders bei einer bloßen Grundschuld, vgl. §§ 1192 Abs. 1, 1147 BGB). Zum wirksamen Abschluss des Verfügungsgeschäfts müsste ihn deshalb Kunigunde vertreten, was zu einem nach § 181 BGB prinzipiell untersagten Insichgeschäft führen würde, da sie nun auf beiden Seiten des Geschäfts stünde. Handelt es sich allerdings wie hier nur um die **Erfüllung** einer bereits bestehenden Verbindlichkeit, ist ein Insichgeschäft ausnahmsweise zulässig (§ 181 BGB a.E.).

541 Dies würde freilich in Fällen wie dem vorliegenden dazu führen, dass der gesetzliche Vertreter eines Minderjährigen für diesen rechtlich nachteilhafte Geschäfte letztlich ganz allein vornehmen könnte. Im Interesse des Minderjährigenschutzes verlangt daher der BGH prinzipiell (allerdings nicht ausnahmslos!) eine **Gesamtbetrachtung** des schuldrechtlichen und des dinglichen Geschäfts. Um die Ausnahme des § 181 BGB a.E. auszuschalten, ist danach bereits das **Verpflichtungsgeschäft** als **nachteilhaft** zu betrachten, so dass eine Vertretung am allgemeinen Selbstkontrahierungsverbot scheitert. Allerdings kommt man hier statt dieses „Kunstgriffs" auch mit einer **teleologischen Reduktion** des § 181 BGB a.E. zum selben Ziel, dem Minderjährigenschutz den Vortritt zu lassen, indem man die gesetzliche Ausnahme nicht zulässt, wenn der gesetzliche Vertreter einen Minderjährigen vertritt.

Unabhängig davon, welchem Lösungsansatz man folgt, ist die Schenkung im Ergebnis schwebend unwirksam (§ 108 Abs. 1 BGB analog), sie könnte jedoch von einem so genannten **Ergänzungspfleger** genehmigt werden (§§ 1629 Abs. 2 S. 1, 1795 Abs. 2, 1909 Abs. 1 S. 1 BGB).

Paragrafenverzeichnis

Stichwortverzeichnis

Die Zahlen beziehen sich auf die Randnummern des Textes